LE
CHIEN

LE CHIEN

Comportement

Psychologie

Attitudes

Texte original de Giorgio Andreoli
Adaptation française de Sabrina Roger
Dessins de Giovanni Barca
Photographies de Lia Stein

GRÜND

GARANTIE DE L'ÉDITEUR

Pour vous parvenir à son plus juste prix, cet ouvrage a fait l'objet d'un gros tirage. Malgré tous les soins apportés à sa fabrication, il est malheureusement possible qu'il comporte un défaut d'impression ou de façonnage. Dans ce cas, ce livre vous sera échangé sans frais.

Veuillez à cet effet le rapporter au libraire qui vous l'a vendu ou nous écrire à l'adresse ci-dessous en nous précisant la nature du défaut constaté. Dans l'un ou l'autre cas, il sera immédiatement fait droit à votre réclamation.

Librairie Gründ — 60, rue Mazarine — 75006 Paris

Adaptation française de Sabrina Roger
Texte original de Giorgio Andreoli

Dessins de Giovanni Barca / Milan Illustration Agency
Photos de Lia Stein

Première édition française 1992 par Librairie Gründ, Paris

ISBN : 2-7000-2191-6
Dépôt légal : août 1992
Édition originale 1991 par Arnoldo Mondadori Editore S.p.A., sous le titre original *Noi cani*
Création Libri Illustrati

Photocomposition : Compo 2000, Saint-Lô
Imprimé en Espagne
D.L.TO:1155-1992

SOMMAIRE

Il est assez fascinant de penser que le chien est devenu le « meilleur ami de l'homme » alors que, contrairement aux autres animaux domestiques, il fait partie des quelques carnivores qui sont en concurrence directe avec l'homme quant aux ressources alimentaires.

L'homme comme le loup — ancêtre direct du chien — sont deux « prédateurs » qui ont joué et jouent encore des rôles très semblables. À la chasse, ce sont deux véritables adversaires : l'un (le loup) est plus fort physiquement, l'autre (l'homme) est plus rusé et plus intelligent.

C'est sans doute la force, la rapidité et le courage démontrés par les loups à la chasse qui sont à l'origine du processus de domestication. La première rencontre a dû être tout à fait fortuite : un enfant aura recueilli un louveteau sans défense, orphelin de mère, et la facilité avec laquelle les jeunes loups se lient aux personnes qui s'occupent d'eux durant les premiers mois de leur vie aura fait le reste. Le louveteau, en grandissant, aura fait profiter les hommes de ses qualités de chasseur, et ainsi acquis un rôle au sein du clan. En fait, le processus de domestication a dû, pendant très longtemps, évoluer librement, avant que l'homme ne prenne réellement conscience des énormes opportunités et avantages qu'offraient les loups.

Ainsi, après avoir pris conscience de leur potentiel non seulement comme auxiliaires à la chasse, mais aussi comme animaux de défense, gardiens et compagnons, il a été facile pour l'homme de procéder à un élevage sélectif afin de renforcer les caractéristiques souhaitées et d'éliminer les autres. Après avoir formé différents « types » de chiens et obtenu des caractères psychologiques et physiques propres, il est probable que les hommes aient cherché à éviter de nouveaux croisements avec les loups, susceptibles de compromettre les résultats d'une longue sélection.

Néanmoins, on pense que certaines lignées de

chiens, notamment les chiens de berger, sont issues d'un croisement avec le loup. Cet ancêtre avait sans doute un aspect général assez proche du Dingo australien, un chien redevenu sauvage. D'autres croisements ont donné les chiens de traîneaux, les Braques et les Épagneuls.

Fort ironiquement et paradoxalement, plusieurs races de chiens, comme les Barzoi russes et les Lévriers irlandais, ont été créées spécialement pour la chasse aux loups. C'est un peu comme si l'on avait voulu marquer une rupture dans le temps, le chien devenant le compagnon de l'homme et le loup, cousin du chien, un de ses pires ennemis.

Il y a douze mille ans, l'homme vivait essentiellement de la chasse ; c'est pourquoi les premières races sélectionnées ont été les chiens de chasse, spécialisées principalement dans des activités inaccessibles à l'homme telle que la poursuite. Ce n'est donc pas un hasard si les Lévriers font partie des races les plus anciennes que l'on connaisse aujourd'hui ; certains font remonter leur origine à la préhistoire. Des peintures rupestres dans le Tassili les représentent sans ambiguïté.

La capacité naturelle des loups à rabattre les troupeaux d'herbivores sauvages vers leurs congénères fut utilisée chez les animaux apprivoisés, afin qu'ils dirigent les proies vers les hommes armés de lances et d'arcs.

Avec les débuts de l'élevage chez les populations nomades, qui disposaient ainsi d'une réserve de nourriture et de peaux faciles à transporter, le chien dut, lui aussi, s'adapter à ses nouvelles tâches.

Deux Huskies sibériens de trois mois jouant à se mordiller le cou. Le pelage de l'un est blanc et rouge cuivre, celui de l'autre est noir et gris.

Cette même capacité à conduire les troupeaux sauvages d'ongulés pour chasser fut donc également exploitée pour guider les troupeaux domestiques comme les rennes, les caribous et les moutons. Le chien fut dès lors chargé de garder le troupeau et de la défendre contre les animaux sauvages et les voleurs.

Avec le défrichement systématique et progressif des grandes forêts et la disparition des loups, l'utilisation des chiens comme gardiens de troupeaux perdit de son importance. Toutefois, la chasse, qui devenait davantage un sport qu'une nécessité pour l'homme, se développa de plus en plus, notamment chez les personnes fortunées qui disposaient de loisirs. Pour ce genre d'activité, les chiens étaient toujours d'une aide irremplaçable sur le terrain.

La plupart des races existantes ont été sélectionnées dans un but précis : la chasse. Seules ont été valorisées les capacités propres aux loups qui allaient dans ce sens. C'est ainsi que, pour chaque type de chasse, on a créé des races propres à remplir au mieux des tâches précises : flairer le gibier et indiquer où il se trouve, débusquer les animaux, rabattre la proie vers le chasseur, empêcher sa fuite, rapporter le gibier, etc. Certaines races sont mieux adaptées à un type de terrain ou de gibier ; il existe même des chiens pour la chasse au cerf ou au renard.

Les gros chiens ont été sélectionnés pour combattre d'autres animaux, tels que les taureaux ou les ours, ou d'autres chiens. D'ailleurs, au temps des Assyriens et dans l'Égypte Ancienne, on organisait des courses, exactement comme on le fait aujourd'hui dans les cynodromes.

Le chien a été utilisé à la guerre dans le combat et pour transmettre des messages, comme détecteur de mines et comme sauveteur ; on lui a appris à secourir les naufragés, les disparus dans le neige, les victimes des tremblements de terre. Les chiens se sont révélés d'une aide précieuse pour les personnes en difficulté ; tel est le cas des chiens-guides pour les aveugles et des chiens de compagnie pour les handicapés.

Les chiens ont été utilisés pour des expériences en laboratoire, pour détecter les fuites de gaz, pour trouver les truffes, pour faire tourner moulins et meules, pour réchauffer les pièces froides, pour attirer les puces qui infestaient les maisons, pour se donner en spectacle dans les cirques et dans les théâtres. Mais surtout, les chiens ont donné à

Linné définit le chien comme étant une espèce différente du loup, du chacal et du coyote. Le naturaliste allemand Palls, à la fin du XVIIIe siècle, émit quant à lui l'hypothèse selon laquelle le chien descendrait de plusieurs espèces différentes. Vers le milieu du XIXe siècle, Saint-Hilaire affirma que la majorité des chiens descendaient du chacal, et quelques autres du loup. Darwin soutint que les chiens domestiques devaient avoir pour ancêtres plusieurs espèces différentes, parmi lesquelles diverses sous-espèces de loups, le coyote, le chacal et probablement d'autres animaux disparus. Konrad Lorenz pensait que le chacal doré fut le premier canidé apprivoisé par l'homme ; la plupart des races canines descendraient du chacal, et les autres du loup.

Aujourd'hui, on estime que les canidés ont un ancêtre commun, et que la domestication du chien s'est faite il y a de douze à quinze mille ans, à partir du loup. Toutefois, il n'est pas exclu que les chacals, les coyotes et d'autres canidés aient pris part, à travers des croisements successifs, à la formation de différentes races de chiens.

l'homme leur admirable amitié et leur compagnie, amitié désintéressée et très souvent spontanée.

La domestication d'un petit nombre de types sauvages a permis la création d'une très grande diversité de races qui se distinguent par leur forme, leur taille et leur comportement.

L'absence d'une sélection naturelle, qui aurait sans doute compromis la survie des chiens privés des capacités de leurs ancêtres, les loups, a permis à de nombreuses races de se reproduire et de se perpétuer jusqu'à nos jours.

Les chiens ont perdu la grande faculté d'adaptation des loups, mais ont acquis d'autres qualités plus importantes, relatives aux finalités pour lesquelles ils ont été sélectionnés. Toutefois, dans le milieu domestique où ils vivent, ils n'ont pas toujours l'occasion de les montrer. Un chien de recherche au sang aura toujours un odorat plus développé que celui du loup, de même qu'un Lévrier sera toujours plus rapide. Et pourtant, aucune race de chiens ne peut être considérée comme un super-loup.

Avec le début de la domestication, l'homme a commencé à modeler l'anatomie et le comportement du loup, à éliminer les caractéristiques non souhaitées pour renforcer les autres.

D'une façon générale, on peut dire que les premiers chiens apprivoisés étaient plus petits que leurs ancêtres. Leur aspect moins menaçant, en particulier dans les régions où ils vivaient régulièrement au contact de l'homme, résulte sans doute d'une sélection volontaire ; aujourd'hui, je ne crois pas que l'on puisse trouver un chien qui ait les dents aussi grandes que celles des loups. Les couleurs du pelage se sont également modifiées. Mis à part les Bergers allemands et les chiens de traîneaux, bien peu de races ont un pelage proche de celui des loups. Les chiens ont pour la plupart des robes noires, blanches, rousses, noires et blanches, brunes et blanches, chacune offrant une infinité de combinaisons. Le poil peut être long ou court, voire totalement absent. Les poils peuvent être fins ou épais, lisses ou frisés ; la queue peut être longue ou courte, raide ou enroulée ; les oreilles peuvent être droites ou tombantes ; le crâne peut être petit ou allongé, étroit et large ; les pattes peuvent être longues ou courtes. Mais la silhouette, elle, est un caractère fixe quelle que soit la race : toutes les races conservent un thorax large et une taille étroite.

Le comportement propre aux loups a, lui aussi, été modifié. La tendance naturelle des animaux sauvages à fuir au moindre danger ou à attaquer, lorsque la menace est trop proche, a été corrigée chez les chiens apprivoisés. De fait, avec la domestication, l'instinct de fuite et l'agressivité ont quasiment disparu, tandis que la fécondité augmentait. Ceci résulte en partie d'une pression sélective très forte, d'autant plus qu'on choisissait évidemment les animaux les plus féconds pour la reproduction. Notons qu'un milieu domestique favorable a des effets positifs sur la santé des chiens.

On a également observé qu'un animal adulte domestiqué a tendance à conserver des caractères infantiles. Il est difficile d'expliquer clairement pourquoi et comment cela se produit, mais il est probable que ce phénomène a permis d'obtenir des individus plus dociles. Peut être choisissait-on les animaux les plus doux et ainsi sélectionnait-on inconsciemment les animaux les plus immatures.

Bien que l'on puisse observer de très nombreuses différences de comportement entre le loup et le chien, les schémas de base restent les mêmes et il n'y a rien qui, chez le chien, ne puisse également être observé chez le loup. C'est dans le rapport de l'homme avec le loup et le chien que réside la différence fondamentale.

Les chiens domestiques ont subi les mêmes évolutions culturelles et connu les mêmes modifications de leur environnement que leurs maîtres, mais les répercussions sur leur comportement et sur leur anatomie ont été multipliées par dix, étant donné que les générations canines se succèdent en moyenne tous les deux ans alors que vingt ans séparent deux générations humaines. L'étude de l'évolution génétique chez les chiens permet ainsi de comprendre dans quelle mesure la civilisation humaine a eu une influence.

Au début de la domestication du chien, les sociétés humaines étaient organisées en petites sous-populations dont les contacts étaient limités et sporadiques. Les chiens, répartis dans les différentes tribus, furent isolés dans les groupes sociaux parfois moins importants que ceux de leurs maîtres et les opportunités de rencontrer les animaux des tribus voisines étaient tout à fait occasionnelles. Dans ces conditions, on peut imaginer que l'isolement entre les sous-populations entraîna une rapide diversification raciale.

À une période d'isolement succéda une période riche en contacts durant laquelle les nouveaux moyens de transport facilitèrent les rencontres entre les populations du monde entier. Partout où l'homme allait, il emmenait son chien avec lui et celui-ci se croisait sans difficulté avec les autres races qu'il rencontrait.

Toutefois, l'idée de renforcer et de conserver certaines caractéristiques canines par des croisements bien définis ne remonte qu'à deux siècles. Avant cette période, on croisait les chiens sans prendre en considération les particularités de leurs ancêtres.

Les manipulations génétiques font désormais l'objet d'études scientifiques approfondies. Elles sont d'ailleurs très largement pratiquées sur d'autres espèces animales pour l'élevage.

Contrairement aux loups, les chiens constituent un groupe de spécialistes efficaces uniquement s'ils sont coordonnés et directement protégés par la société humaine.

Les loups sont des animaux forts et résistants habitués à vivre dans des conditions défavorables ; ils forment des groupes sociaux hiérarchisés, et survivent très difficilement s'ils sont séparés de leurs congénères. Mais ils sont parfaitement adaptés à leur milieu, du plus favorable au plus rude. Cela signifie que leurs capacités ne peuvent évoluer ou se développer davantage, du fait même de cette spécialisation.

Néanmoins, ils disposent d'une faculté d'adaptation beaucoup plus importante que celle des chiens. En effet, il est inconcevable qu'un chien domestique quelconque puisse, dans des conditions naturelles, rivaliser avec un loup ; l'histoire du chien le confirme : les chiens qui sont retournés à l'état sauvage n'ont pu le faire que parce qu'ils n'étaient pas en concurrence avec les loups. Un très grand nombre de chiens ont abandonné l'homme, trouvé refuge dans les bois et dans les montagnes et recommencé à vivre et à se comporter comme les loups. Et pourtant, les différences de stratégie de vie et de comportement entre les loups et leurs cousins, les chiens, sont nombreuses.

Il faut donc d'abord préciser ce que l'on entend exactement par chien sauvage. Beaucoup de gens en effet confondent les chiens sauvages avec les chiens perdus, et les chiens perdus avec les « chiens errants ». Les chiens errants sont des chiens qui, tout en ayant un maître, circulent librement. Si cet état de choses n'est pas souhaitable en ville, à la campagne et surtout à la montagne, il est tout à fait normal que les chiens vivent complètement libres, et en particulier les chiens de berger qui ne peuvent travailler que s'ils jouissent de cette liberté. Les chiens perdus, eux, n'ont pas de maître ; toutefois, ils s'insèrent parfaitement dans la vie sociale des hommes, fraternisent avec eux et mangent leurs déchets. Ils vivent habituellement à la périphérie des grandes villes et entretiennent des rapports quotidiens avec l'homme... Les chiens sauvages, eux, ont rompu tous les liens qui les rattachaient à l'homme.

Beaucoup de gens aimant se promener en montagne affirment avoir été attaqués de façon occasionnelle par des meutes de chiens sauvages. Ceci est tout à fait improbable, de même qu'il est improbable, voire impossible, d'être attaqué par des loups : ces derniers ont peur de l'homme et fuient généralement à son approche. Ces chiens, très souvent, sont des groupes de chiens errants ou perdus qui se sont déjà familiarisés avec l'homme ; parfois il s'agit de chiens de berger abandonnés qui font le travail que l'homme lui-même leur a enseigné.

D'après les études qu'on a pu faire, il résulte que les chiens sauvages, eux, se comportent exactement comme les loups. Ils redeviennent des animaux nocturnes : ils dorment le jour ou se reposent dans leur tanière et, la nuit, ils partent en quête de nourriture. Ils ont leur propre territoire qu'ils défendent contre l'intrusion de n'importe quel étranger. Leurs relations sociales sont fondées sur le rapport domination/soumission.

Malgré tous ces caractères communs, les différences sont nombreuses. Elles concernent les caractéristiques morphologiques dont nous avons déjà parlé, ainsi que la composition de la meute et surtout les stratégies de reproduction.

La meute de loups est un clan familial composé d'un couple adulte, des parents hiérarchiquement subordonnés, et des petits. Il arrive que plusieurs femelles soient pleines au même moment, mais généralement, seule la femelle dominante se reproduit avec son compagnon, le chef de la meute. Cette sorte de régulation naturelle des naissances permet à toute la meute de survivre quand la nourriture est moins abondante. Les loups se reproduisent une fois par an ; les petits naissent au printemps et disposent de toute la belle saison pour grandir. Toute la meute, les parents, mais aussi les autres couples et les jeunes, élève les petits qui deviennent ainsi le centre de toutes les activités.

La meute de chiens sauvages, elle, est composée de couples adultes monogames, qui n'appartiennent pas nécessairement à la même famille ; la composition est souvent très diversifiée, étant donné que les chiens viennent d'un peu partout. Du fait que les couples sont distincts, il n'existe pas de véritable hiérarchie entre les différents individus et ceci permet à chaque couple de se reproduire indépendamment les uns des autres et d'élever ses propres jeunes.

La femelle est, en moyenne, féconde tous les six mois ; chaque couple a donc la possibilité de se reproduire deux fois par an. À la naissance des petits, les mâles s'éloignent et ne reviennent que lorsque le sevrage est terminé. Les femelles, elles, doivent s'occuper de leurs petits sans l'aide de leurs congénères, ce qui implique une dépense d'énergie considérable.

En comparant les stratégies de reproduction des loups et des chiens sauvages, on a calculé qu'une meute de loups composée de quatre adultes peut avoir une portée de quatre ou cinq petits, alors qu'une meute de chiens peut avoir quatre portées et donc une vingtaine de chiots.

Ces chiffres pourraient laisser penser que les chiens sont beaucoup plus féconds, ce qui bien sûr n'est pas vrai. L'absence de liens familiaux forts entre les chiens de la meute, qui n'acceptent pas d'élever les petits, l'irrégularité de la fécondité de la femelle qui donne naissance à ses petits au mauvais moment (automne ou hiver), l'effort énorme que doivent fournir les mères qui ne sont pas aidées par les autres adultes pour élever les petits, voilà autant de facteurs qui induisent une très forte mortalité, et en définitive l'échec de la reproduction.

Comment se fait-il dans ce cas qu'en Italie, un des derniers refuges du loup, il n'y ait que deux cent cinquante à trois cents loups et plus de trente mille chiens sauvages ? La réponse est simple : la population canine n'augmente que grâce aux apports de nouveaux chiens sauvages, de chiens perdus et de chiens abandonnés par leurs maîtres, qui se joignent régulièrement aux meutes déjà formées. Mais les chiens ne sont pas faits pour vivre à l'état sauvage : la domestication qui date de plus de mille ans les a rendus incapables de se reproduire de façon efficace, même s'ils parviennent à survivre avec succès. C'est sans doute le plus grand changement que l'homme ait opéré sur le chien : dans le milieu domestique il l'a aidé à élever ses petits, lui a permis de se reproduire plus souvent, a détruit les règles hiérarchiques, mais l'a privé de la possibilité de redevenir sauvage.

L'organisation sociale des chiens est directement liée au type d'alimentation. Les chiens adoptent une infinité de stratégies de chasse pour capturer des proies très diversifiées. Ils ne méprisent ni les invertébrés comme les escargots et les limaces, ni les petits rongeurs, ni les gros herbivores. Pour chacun de ces animaux, le mode de chasse est bien sûr différent : solitaire pour les petites proies, en groupe pour la capture des gros animaux. Mais lorsque les proies sont rares, le canidé peut se contenter des carcasses d'animaux morts ou de fruits et de légumes.

Certains canidés sauvages comme les Dingos australiens mènent une vie assez solitaire et s'unissent en groupe uniquement pendant la période de reproduction. D'autres, comme les chacals ou les renards, vivent en couple. Les loups, qui nous intéressent plus particulièrement, vivent en meute. Cette forme de vie sociale offre d'innombrables atouts : davantage de facilité pour débusquer et capturer les proies ; la possibilité de rencontrer un partenaire pendant la période de reproduction ; un plus grand nombre d'individus collaborant à l'éducation des petits ; la possibilité de se défendre face à d'éventuels troubles causés par d'autres animaux. Mais la vie en meute présente aussi des inconvénients : un plus grand nombre de bouches à nourrir et la nécessité d'une hiérarchie pour organiser la vie de la meute.

Face au premier problème, il n'y a pas d'autre solution que de se spécialiser dans une stratégie de chasse efficace. Pour résoudre le second, les loups et les chiens sauvages ont développé un mode complexe de « réglementation » fondé sur des rapports de domination et de soumission entre les individus ; il en découle ainsi une hiérarchie de commandements au sein de la meute. Toutes les relations entre les individus sont fondées sur ce rapport domination/soumission, et pour comprendre le comportement des chiens domestiques il faut se convaincre que les relations entre les chiens et les hommes en dépendent également. Le chien ne sera jamais l'égal de l'homme : ou il acceptera d'être dominé, ou il essaiera de commander. Il est bon à ce sujet de donner une précision. Aujourd'hui la théorie selon laquelle toutes les races de chiens descendent du loup, est généralement admise ; c'est pourquoi il est très utile d'étudier le comportement du loup à l'état sauvage pour comprendre les schémas mentaux du chien. Toutefois, si l'on considère l'histoire du chien et de l'homme, il ne faut pas perdre de vue qu'au contact de l'homme de nombreux changements ont affecté la morphologie et, dans une moindre mesure, le comportement des chiens. Les chiens qui sont retournés à l'état sauvage après avoir vécu très longtemps avec l'homme ne sont pas pour autant redevenus complètement des loups. Les Dingos australiens en sont un exemple ; ce sont des chiens qui, il y a des siècles, sont redevenus sauvages ; bien qu'ils aient conservé les caractéristiques physiques du chien, leur comportement ressemble davantage à celui du loup. Les loups et les chiens appartiennent à la même famille mais vivent dans des milieux très différents.

À l'état sauvage, les loups vivent en meute, base de leur organisation sociale. Les chiens, eux, vivent dans des milieux très différents qui dépendent de très nombreux facteurs : il peut s'agir d'animaux de chasse, de travail, de compagnie ; ils peuvent vivre à la ville ou à la campagne, dans la maison ou dans le jardin, seuls ou avec d'autres chiens, d'autres animaux ou avec l'homme. La règle pour les chiens semble être la même que celle des animaux qui vivent seuls, et les rencontres avec d'autres animaux de leur espèce restent très occasionnelles. Dans ces conditions, les relations entre animaux dépendent uniquement du rapport domination/soumission et n'intègrent pas la hiérarchie plus complexe propre à la meute.

Ce rapport de domination/soumission est toutefois beaucoup moins marqué chez les chiens que chez les loups : on voit très souvent des animaux vivre en parfaite harmonie, ne manifestant aucune domination, aucune soumission vis-à-vis des autres. Parfois, on voit même certains individus ignorer tout simplement leurs congénères et s'intéresser uniquement à ce qui se passe dans leur monde, représenté par le clan familial « humain » et la maison.

Deux jeunes Samoyèdes. Il s'agit de deux femelles : Penny Lane, couchée, a soixante-dix jours. Martika, elle, est âgée de six mois.

LE CHIEN ET SON TERRITOIRE

Anatomie

Les sens

Importance du territoire

Le marquage

La défense

Le vagabondage

La chasse

L'attaque

L'instinct prédateur

ANATOMIE

La plupart des schémas relatifs au comportement des chiens sont étroitement liés à l'évolution et au développement de leur anatomie, de leur perception sensorielle de l'environnement et de leur intelligence.

Les chiens ont leur propre « vision » de la vie. Leurs expériences sont vécues d'un point de vue canin, leurs sens sont développés différemment. Les chiens et les hommes évoluant dans un même milieu le perçoivent différemment et se comportent en conséquence.

Afin de mieux comprendre leur monde, nous devons tout d'abord connaître leur anatomie et savoir en quoi ils sont différents de nous.

La physionomie actuelle du chien est le résultat d'années de sélection durant lesquelles l'animal s'est peu à peu spécialisé dans les comportements qui pouvaient assurer sa survie. Ces spécialisations se reflètent aujourd'hui dans le mode de vie des chiens, qu'ils soient domestiques ou sauvages. Il ne s'agit pas ici de faire un exposé sur l'anatomie des chiens, mais afin de mieux comprendre leurs différents comportements, il est bon de rappeler que les chiens sont des carnivores, et que plusieurs de leurs caractéristiques physiques résultent de leur adaptation à la vie de chasseur.

Les membres sont conçus pour de longues courses rapides. Les membres antérieurs se sont ainsi spécialisés dans le mouvement avant/arrière, propre à la démarche et à la course, et non dans le mouvement latéral, que l'on retrouve chez l'homme.

Les chiens sont digitigrades, c'est-à-dire qu'ils marchent en s'appuyant sur leurs doigts ; ils gagnent ainsi en rapidité. Le squelette, l'appareil circulatoire, le système nerveux, la musculature ne présentent aucune particularité notoire, si ce n'est un remarquable développement des muscles. La structure de l'appareil digestif est étroitement liée au régime alimentaire. Comme chez les autres carnivores, l'intestin est relativement court.

Le chien est doté de glandes sudoripares qui ne sont pas fonctionnelles, exceptées celles du museau et de la plante des pieds. C'est pourquoi, lorsqu'ils doivent éliminer la chaleur qu'ils ont emmagasinée à la suite d'un effort physique ou parce qu'il a fait trop chaud, les chiens, à la différence des hommes qui transpirent, voient leurs mouvements respiratoires augmenter (il peut y en avoir plus de cent à la minute). Ils dégagent dans l'air d'énormes quantités d'anhydride carbonique et d'eau.

Ce mécanisme, qui se produit fréquemment chez les chiens, est souvent perçu comme une respiration haletante. En réalité, il ne s'agit pas d'une véritable respiration, mais d'une hyperventilation : l'air inspiré, puis immédiatement expiré, ne sert pas à apporter de l'oxygène aux poumons, mais plutôt à créer un flux d'air continu, destiné à favoriser l'évaporation au niveau de la langue. Cette façon particulière de respirer s'appelle polypnée.

L'appareil urinaire joue un rôle important en éliminant une partie des déchets de l'organisme. Il complète en partie l'action des glandes sudoripares. Chez le chien, la sécrétion urinaire est importante et s'accompagne d'une capacité à concentrer davantage les urines.

La denture présente des caractéristiques intéressantes. Même si elle n'est pas aussi développée que celle des loups, elle est adaptée à la prédation.

Les chiens ont quarante-deux dents ; chacune a un rôle bien précis. Les canines saisissent la proie, les incisives déchirent la viande, les molaires mâchent. Les molaires carnassières, particulièrement grosses et tranchantes, servent à mâcher les aliments, et surtout à briser et à ronger les os

Étapes successives de la course d'un chien. Les membres, adaptés aux courses longues et rapides, ne peuvent se mouvoir latéralement.
CI-DESSOUS, un chiot à la respiration haletante. Cette façon particulière de respirer, appelée polypnée, permet d'éliminer la chaleur corporelle emmagasinée à la suite d'un effort physique.

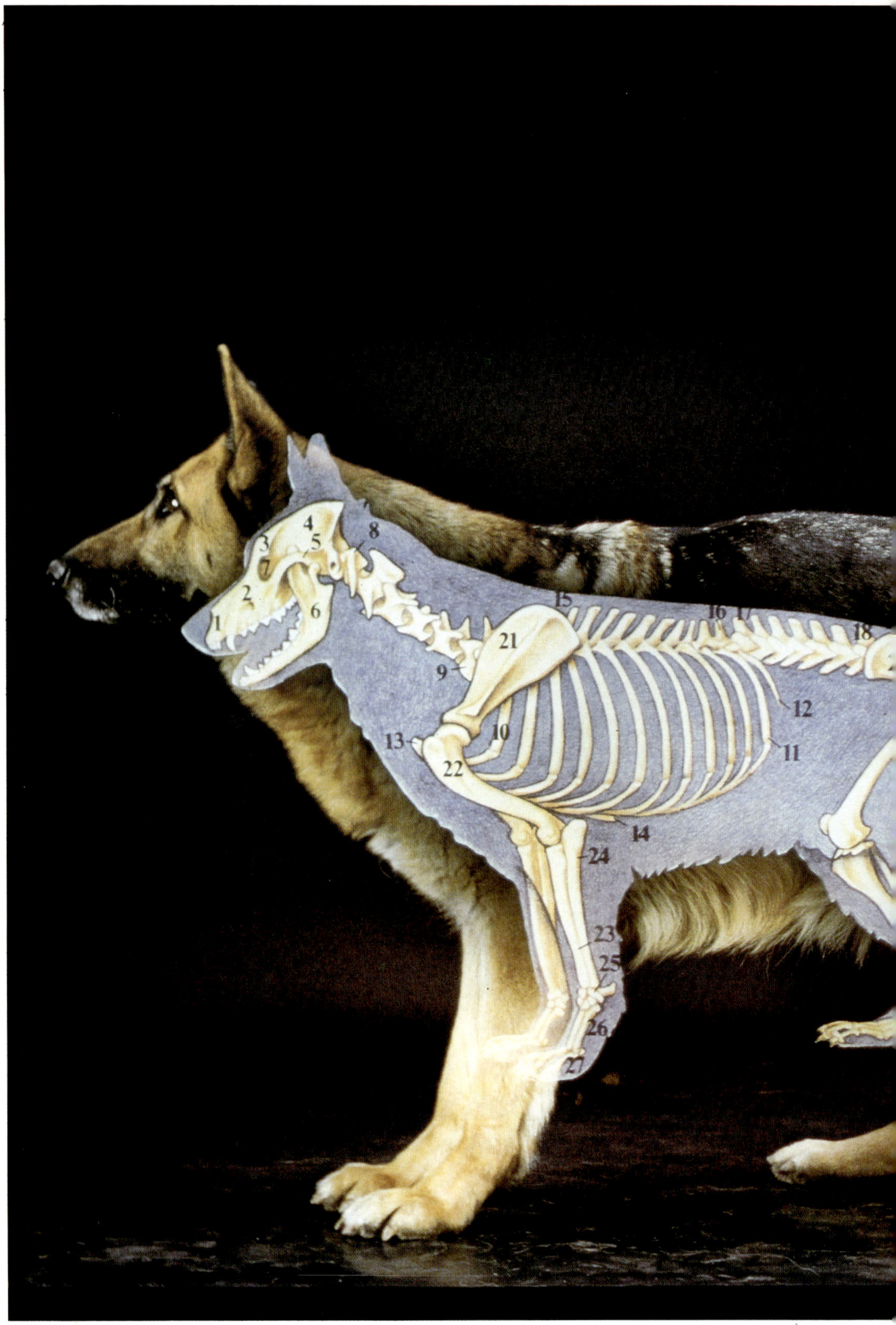
1
2
3
4
5
6
7
8
9
10
11
12
13
14
15
16
17
18
21
22
23
24
25
26
27

ET ARTICULATIONS

Intermaxillaire
Maxillaire supérieur
Frontal
Boîte crânienne
Arcade zygomatique
Maxillaire inférieur, mandibule
Orbite
Première vertèbre cervicale
Sixième vertèbre
Première côte
Douzième côte
Treizième côte
Début du sternum
Fin du sternum
Troisième vertèbre dorsale
Treizième vertèbre dorsale
Première vertèbre lombaire
Septième vertèbre lombaire

19. Sacrum
20. Vertèbres caudales
21. Omoplate
22. Humérus
23. Radius
24. Cubitus
23 + 24. Avant-bras
25. Carpe
26. Métacarpe
27. Phalanges
28. Coxal
29. Articulation de la hanche
30. Fémur
31. Rotule
32. Tibia
33. Péroné
32 + 33. Jambe
34. Tarse
35. Métatarse
36. Phalanges

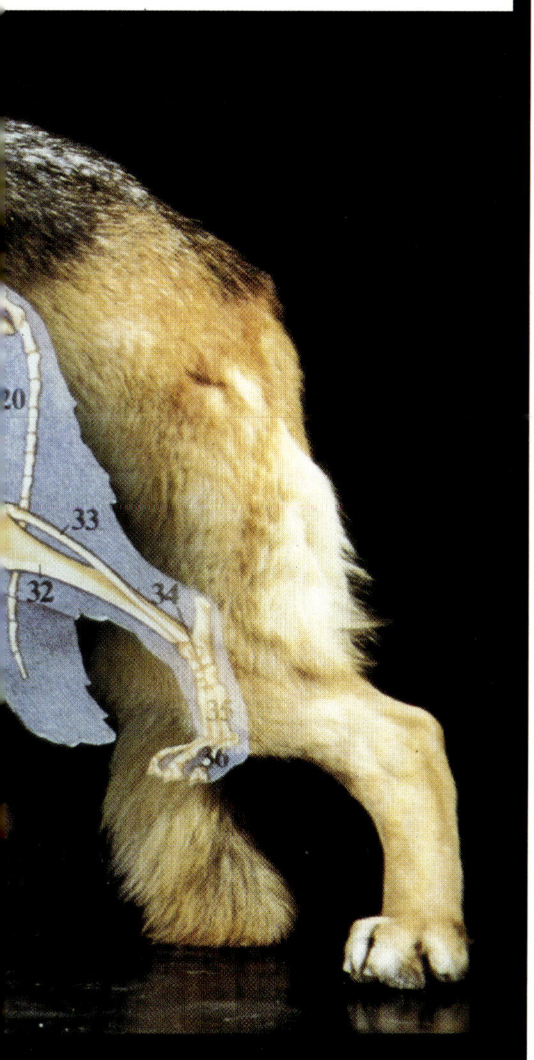

des grands herbivores. Chaque mâchoire porte deux crocs, ou crochets, de forme conique et recourbés vers l'arrière.

Chez les animaux jeunes, les incisives présentent une forme tricuspide qui, avec le temps, s'use et finit par disparaître complètement. D'après le degré d'usure des dents il est possible de déterminer très approximativement l'âge de chaque chien.

Toutefois, il ne peut s'agir que d'une estimation, puisque chaque chien se sert différemment de ses dents. Un jeune chien qui aime ronger les os ou les bouts de bois usera davantage ses dents qu'un animal de compagnie qui vit toujours en appartement. Cette méthode est surtout fiable chez un animal jeune, car plus le chien vieillit, plus il est difficile d'évaluer son âge à partir de l'usure des dents.

D'après l'état d'usure des dents, il est possible d'établir très approximativement l'âge de l'animal. Les quarante-deux dents des chiens ont, chacune, un rôle bien précis : les canines saisissent la proie, les incisives déchirent la viande, les molaires mâchent.
À GAUCHE, le squelette d'un Berger allemand.

Grâce à la disposition de ses yeux, le chien jouit d'un visuel relativement grand. Mais du fait que le champ visuel des deux yeux ne se superpose pas, comme chez l'homme, il ne parvient pas à évaluer avec précision les profondeurs et les distances.
À DROITE, *le regard plein de vie d'un Yorkshire terrier.*

LES SENS

Lorsque des personnes ou des animaux perçoivent un signal quelconque qui ne fait pas partie de notre monde perceptif habituel, nous ne manquons pas d'évoquer ce fameux « sixième sens ».

C'est particulièrement vrai chez les chiens, qui semblent percevoir en permanence des messages que l'on ne soupçonne même pas.

Le « sixième sens » des chiens n'est rien d'autre que la combinaison des cinq premiers, dont certains sont beaucoup plus développés que chez l'homme et qui leur permettent de distinguer des détails imperceptibles pour nous.

Les sens du chien, à l'exception du goût dont on ne sait pas grand-chose, et de la vue, sont beaucoup plus performants que chez l'homme.

Les pavillons auditifs sont plus grands, et même si de nombreuses races ont les oreilles retombantes ou pendantes, la sensibilité aux sons reste en général très importante. Un chien est capable de distinguer des sons très faibles et très lointains, bien qu'il lui soit souvent assez difficile d'en déterminer l'origine.

Les chiens ont environ deux cent mille cellules olfactives par centimètre carré de surface sensible (contre cinq mille chez l'homme), ce qui explique qu'ils perçoivent mieux que nous les odeurs.

Le toucher est bien développé grâce aux récepteurs sensoriels disposés sur la peau et à la base des vibrisses. La sensibilité aux variations de température est forte.

Les chiens ne distinguent pas les couleurs comme nous, mais parviennent à voir dans des conditions d'éclairement beaucoup plus faibles. En fait, certains scientifiques considèrent qu'ils sont daltoniens et qu'ils ne voient qu'en noir et blanc.

Cette conclusion repose sur la structure particulière de la rétine des chiens, qui d'ailleurs n'a pas révélé tous ses secrets. La rétine de tous les animaux présente deux types de cellules : les cônes et les bâtonnets.

Les bâtonnets sont des cellules particulièrement sensibles à la lumière, capables de percevoir des rayons lumineux de très faible intensité. Les cônes, eux, sont des cellules qui réagissent aux rayons lumineux.

Les animaux nocturnes sont dotés d'une grande

Deux cent mille cellules olfactives contre cinq mille chez l'homme : voilà pourquoi les chiens ont cette perception extraordinaire des odeurs. Des récepteurs sensoriels disposés sur le museau leur permettent de sentir le moindre changement de température.
PAGE PRÉCÉDENTE *L'indifférence que la majorité des chiens manifestent devant une glace, montre que le contact visuel ne suffit pas à provoquer une réaction. Si l'ouïe et l'odorat sont stimulés, le chien change immédiatement d'attitude.*

quantité de bâtonnets, et peuvent ainsi voir dans l'obscurité. Chez les autres animaux, l'homme y compris, le nombre de cônes est beaucoup plus important, ce qui permet une bonne vision des couleurs, mais une vision médiocre dans l'obscurité. Chez les chiens, animaux qui, à l'état sauvage, sont particulièrement actifs aux heures crépusculaires, ce sont les bâtonnets qui l'emportent, et par conséquent ils voient mieux dans l'obscurité que l'homme, mais perçoivent moins bien les couleurs.

Néanmoins, il est faux de dire que les chiens ne voient qu'en noir et blanc : certaines expériences récentes menées par des scientifiques de l'université de Santa Barbara, en Californie, ont en effet démontré que le faible pourcentage de cônes permet toutefois aux chiens de percevoir quelques couleurs d'intensité différente, en particulier le bleu et ses dérivés. Cependant, ils ne sont pas sensibles aux rouges.

On le voit, on ne peut pas parler d'un sixième sens ; ce sont simplement des animaux qui ont un champ de perception beaucoup plus important que le nôtre.

La réaction d'un chien devant une glace (exemple classique) montre combien le monde perceptif des chiens est différent de celui des hommes.

Pour les hommes, la vue a une importance fondamentale : elle permet à chacun de reconnaître son prochain et d'évoluer dans son environnement. Le chien, quant à lui, ne distingue pas un objet immobile à plus de trois cents mètres s'il ne dispose pas d'une information essentielle : son odeur.

La rencontre entre deux chiens ne se limite jamais au seul contact visuel ; ils se flairent réciproquement, ce qui permet à chacun de déterminer avec précision le sexe, l'âge et parfois même le statut social de l'autre individu.

La plupart des chiens ne réagissent pas en voyant leur reflet dans une glace, mais vous pouvez vous amuser à tenter l'expérience suivante : proposer, en plus du miroir, un stimulus odoriférant et acoustique. Vous pouvez par exemple, répandre des odeurs sur la glace, ou cacher derrière la glace un magnétophone sur lequel vous aurez enregistré au préalable des aboiements de chiens. Ces stimuli ne manqueront pas de provoquer une réaction. Les personnes dont les chiens ont l'habitude de hurler ou d'aboyer pour répondre à d'autres chiens qu'ils entendent à la télévision, auront sans doute pu vérifier cette expérience.

IMPORTANCE DU TERRITOIRE

On entend souvent dire que le chien est un animal territorial. Mais que signifie ce mot ? Comment un animal qui la plupart du temps passe sa vie enfermé dans la maison peut-il être considéré comme territorial ?

Pour trouver la réponse, il faut d'abord définir ce qu'est un territoire, puis se référer au comportement dans la nature des parents les plus proches des chiens : les loups. Ainsi découvrira-t-on l'importance que revêt le territoire dans les sociétés canines.

Le territoire est une surface dont les limites sont plus ou moins précises et établies de différentes façons. Le loup y vit seul ou en meute, y aménage sa tanière, s'y repose et le défend très activement contre l'intrusion de n'importe quel étranger.

Ceci ne signifie pas que l'animal ne sort jamais de son territoire. Bien au contraire, les loups et les chiens sauvages effectuent de très grandes escapades hors du territoire, notamment pour rechercher de la nourriture.

Ce domaine plus vaste, sujet à de continuelles investigations et inspections, qui n'est pas toujours défendu contre la venue d'un étranger, constitue l'espace vital dont les animaux ont besoin pour trouver leur nourriture. On l'appelle « aire d'habitation », d'après le terme anglo-saxon *home-range*.

Le territoire, au sens étroit du terme, est toujours compris dans l'aire d'habitation, mais cette dernière est parfois aussi nommée territoire, d'où une confusion terminologique.

En effet, l'aire d'habitation peut également

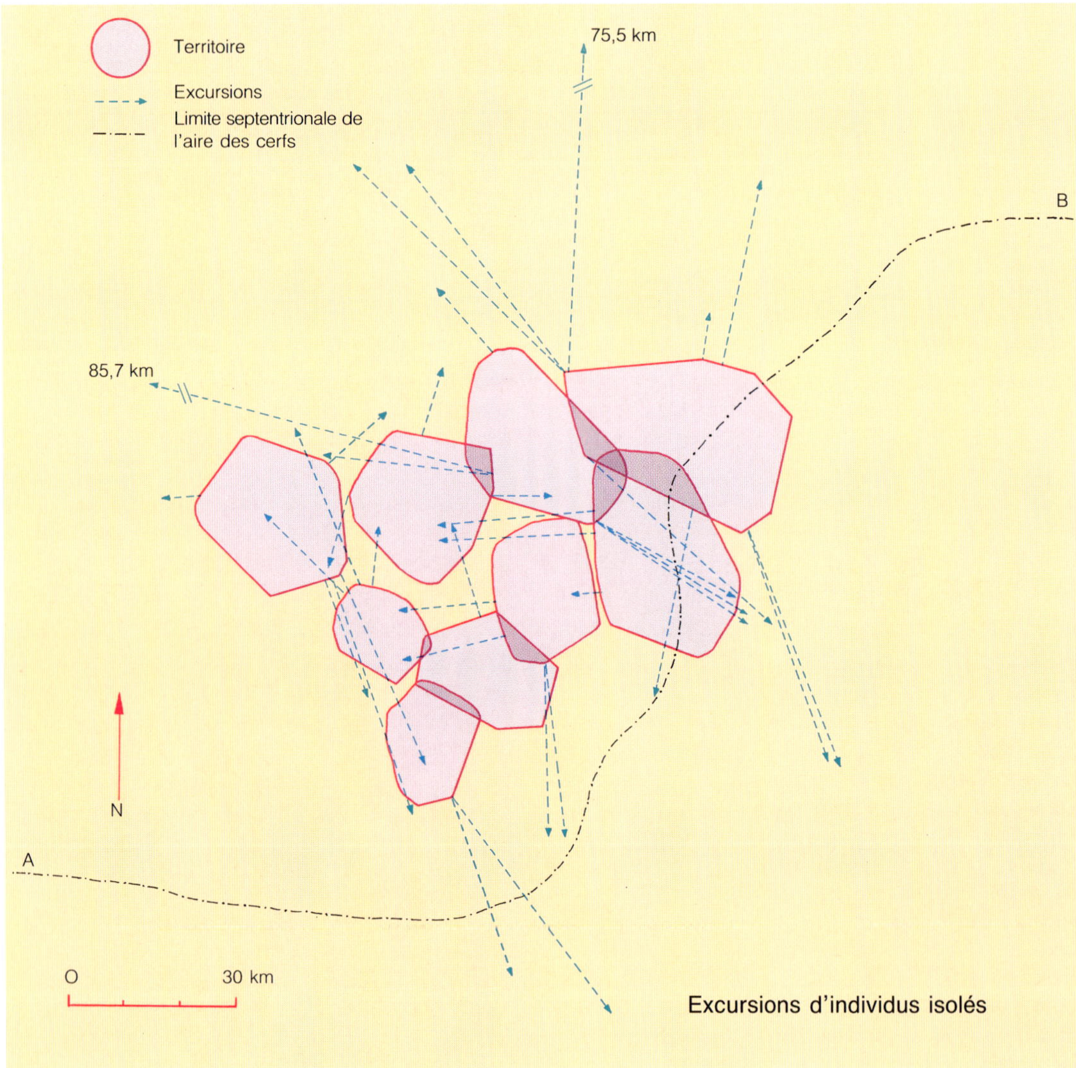

recouvrir le territoire de chasse, et elle est d'autant plus vaste que la nourriture est rare et le nombre d'individus au sein de la meute élevé. Elle n'est pas délimitée de façon précise et peut augmenter ou diminuer dans le temps en fonction des besoins des animaux qui y vivent.

Dans certains cas, en Amérique du Nord par exemple, les loups suivent les migrations saisonnières des grands troupeaux de gros herbivores. Les régions parcourues ne sont pas toujours les mêmes et c'est pourquoi les loups ont plusieurs tanières.

Cela explique que les loups ne s'identifient pas outre mesure au « territoire », qui varie continuellement dans le temps, mais davantage à la meute qui constitue un noyau beaucoup plus stable, généralement composé d'une famille.

Ce phénomène se retrouve chez les chiens : la famille dans laquelle ils vivent joue le rôle de la meute. La maison représente leur tanière et ils la reconnaissent comme étant le territoire à défendre. Les chiens s'adaptent sans problème aux déplacements des hommes (par exemple au moment des vacances), exactement comme le fait une meute de loups qui doit déplacer sa tanière pour suivre un troupeau.

Le chien, après avoir inspecté la nouvelle maison, se comporte comme si c'était depuis toujours sa tanière.

En revanche, si ce sont les habitants de la maison qui changent, le chien aura du mal à s'adapter à la nouvelle situation ; dans certains cas, il peut même présenter des troubles psychologiques tout le reste de sa vie.

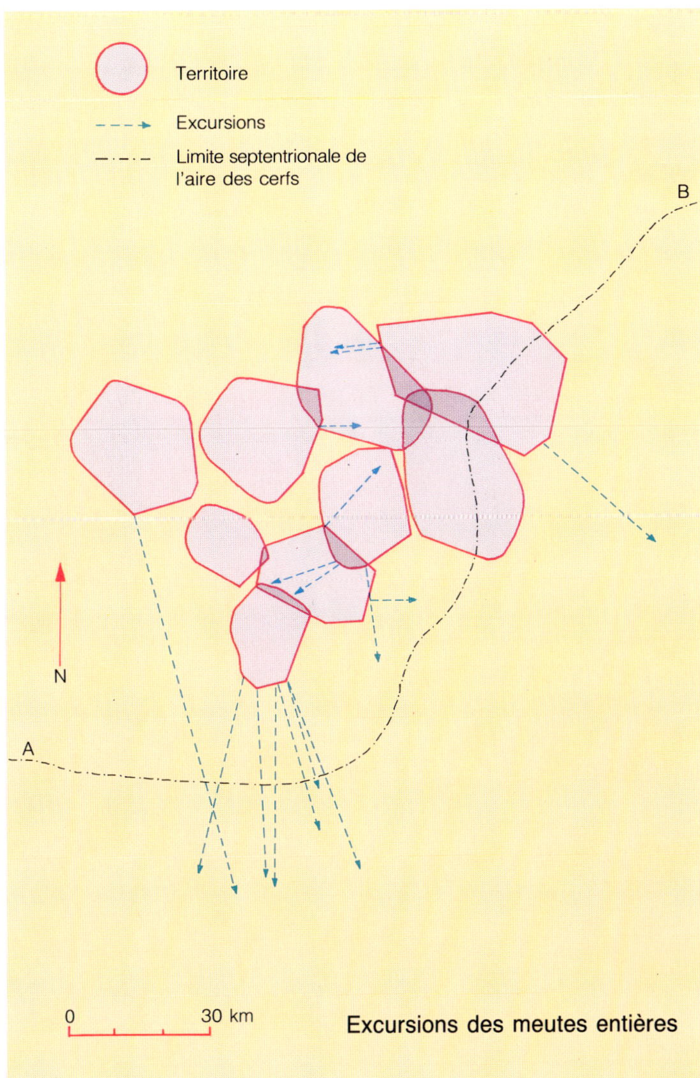

Sur ces deux schémas, les territoires de plusieurs meutes de loups apparaissent en mauve. À GAUCHE, on peut noter les excursions tous azimuts accomplies par des individus isolés hors de leur territoire. À DROITE, les flèches montrent les excursions des meutes entières. La grande ligne hachurée représente la limite septentrionale de l'aire des cerfs. Les déplacements des meutes suivent surtout ceux des herbivores.

LE MARQUAGE

La sélection opérée par l'homme en près de quinze mille ans de domestication a très peu modifié la fonction excrétoire du chien. Les comportements qui lui sont associés sont pratiquement les mêmes que chez le loup. Toutefois, les interprétations qu'on en a fait étaient souvent erronées, voire complètement fausses.

En général, on considère que le fait pour un chien de comprendre rapidement qu'il doit faire ses besoins à l'extérieur de la maison est une preuve d'intelligence. En réalité, il n'y a rien de plus facile pour le chien que d'apprendre à se conduire ainsi puisque son comportement inné l'y porte naturellement : la maison dans laquelle il vit représente sa tanière, et celle-ci doit rester propre.

Sans doute y a-t-il eu, au cours du temps, une forte sélection naturelle favorisant cette tendance à garder la tanière toujours propre. On peut imaginer par exemple que les familles de loups peu soucieuses de l'hygiène de la tanière aient favorisé le développement dans leurs excréments d'œufs de parasites, et par conséquent la propagation des maladies. Ainsi auraient-elles moins bien survécu, tandis que celles qui se souciaient davantage de la propreté de leur territoire avaient une descendance plus saine, apte à se reproduire.

Cette caractéristique n'est pas propre aux loups, mais se retrouve chez de nombreuses espèces ayant un point fixe où dormir et se reposer, comme le renard, le chat ou le hérisson. Chez les espèces nomades, telles que de nombreux primates, oiseaux, bovins et ovins, elle ne s'est pas développée.

Les chiens domestiques ont hérité ce comportement de leurs ancêtres, les loups, et sont donc naturellement portés à ne pas salir leur niche.

À peine âgés de trois ou quatre semaines, les chiots ont tendance à s'éloigner de leur niche pour déféquer ou uriner, et avant l'âge de deux mois ils ont déjà pris l'habitude de déposer leurs excréments toujours au même endroit, le plus loin possible de la niche.

Bien sûr, si le chiot vit dans un appartement et s'il est élevé dans la cuisine, il aura tendance à faire ses besoins dans le salon ou dans la salle de séjour et peut-être même sur les tapis ou sur la moquette !

Dans ce cas, et surtout lorsque le méfait a été découvert trop tard, il est préférable de ne pas punir les animaux. Très souvent, ils ne parviennent même pas à établir un lien entre leur acte et la punition. Il vaut mieux les emmener faire un petit tour plus souvent.

L'élimination des excréments peut être rapprochée d'une autre particularité du comportement canin : le marquage du territoire.

En effet, de même qu'un chien a tendance à nettoyer sa niche, il délimite son territoire au moyen de signaux olfactifs et visuels tels que les excréments. Dans le processus de domestication du loup, cette habitude est restée et, aujourd'hui, tous les propriétaires de chien sont quotidiennement témoins d'une série de comportements sans cesse répétés, comme une sorte de rite.

Presque tous les chiens, en particulier les mâles,

Enseigner au chien à faire ses besoins hors de la maison est beaucoup plus facile qu'on ne croit. En réalité, les chiens domestiques ont hérité cette caractéristique de leurs ancêtres les loups, puisque la sélection naturelle a fortement favorisé les individus portés à nettoyer leur tanière. Ce comportement est propre aux animaux qui ont un nid ou une tanière fixe ; c'est donc aussi le cas du chat, mais attention, le petit qui sera élevé dans une chambre aura tendance à salir les autres pièces. Il lui faudra du temps pour comprendre que toute la maison représente sa propre tanière.

mais aussi de nombreuses femelles, sont irrésistiblement attirés par les objets bien visibles tels que troncs d'arbre, poteaux, buissons et gros cailloux.

Ils s'en approchent en flairant attentivement pour interpréter une sorte de message ; après quoi, ils laissent une trace de leur passage : une marque, très souvent superposée à d'autres qui indiquent le passage de différents chiens. Les mâles lèvent la patte postérieure et urinent sur la surface qu'ils veulent marquer ; parfois ils défèquent, puis grattent le sol tout autour.

Ces deux actes correspondent au « marquage », mais les explications qu'on en donne généralement ne reflètent pas toujours la réalité.

Les chiens lèvent la patte postérieure, car ainsi leur corps est incliné de telle sorte qu'ils urinent latéralement et non par terre. Par conséquent, le message chimique qu'ils laissent après leur passage ne se trouve pas sur le sol, mais sur un support moins vulnérable. De plus, un tel comportement, identique chez tous les chiens, opère une très grande sélection sur les sites possibles du dépôt du signal, et il devient alors plus facile pour un individu d'identifier le passage de ses congénères.

Le fait de lever la patte postérieure constitue une caractéristique très masculine. Les femelles, elles, urinent accroupies ; elles inspectent tous les signaux olfactifs, mais soulagent leur vessie en une fois. Toutefois, un quart des femelles environ lèvent la patte comme les mâles. Le résultat n'est pas le même, puisque le marquage ne peut se faire que sur une surface horizontale et non verticale.

Le stimulus détonnateur de ce comportement est l'odeur d'un autre chien associée à un stimulus visuel. L'équation à laquelle les chiens ne peuvent résister est alors la suivante : odeur + réverbère = patte postérieure en l'air.

Au cours d'une longue promenade, un chien peut soulager complètement sa vessie, mais s'il flaire la bâche d'une voiture imprégnée de l'odeur d'un autre chien, il lèvera quand même la patte sans uriner !

Ce comportement s'applique parfois aussi à la défécation, avec toutefois des nuances importantes.

Dans ce cas aussi, il existe une composante innée selon laquelle le chien agit d'une certaine manière, dont il n'est pas vraiment conscient. Après s'être accroupi et avoir déposé ses excréments, il s'éloigne d'un ou deux pas puis gratte vigoureusement le sol. Ce stimulus est d'ailleurs tellement fort que le chien grattera le terrain même s'il est dur comme du béton, du ciment ou du marbre.

En assistant à une scène de ce genre, on pense souvent qu'un chien pourrait en fait être très propre s'il trouvait de la terre à la place du ciment, puisque en grattant le terrain il recouvrirait ses excréments.

Autre interprétation possible : le chien cherche à répandre davantage ses selles pour en renforcer l'odeur et donc faciliter son identification.

En réalité, ce réflexe a pour seul but d'ajouter un signal visuel au signal olfactif. Étant donné qu'il est impossible de déposer les selles sur une surface verticale, comme un tronc d'arbre ou un mur, les chiens grattent le terrain tout autour, afin que leur signal soit visible de loin.

Chez les canidés à l'état sauvage, le marquage du territoire au moyen des excréments est plus facile à identifier : les renards et les loups grattent également le sol tout autour, mais déposent en outre très souvent leurs selles sur de petits monticules ou dans des buissons, ce qui témoigne sans ambiguïté d'une volonté réelle de marquage.

Avant de s'accroupir pour déféquer, les chiens effectuent souvent plusieurs tours sur eux-mêmes, comme s'ils ne réussissaient pas à trouver la position idéale. Ce comportement n'est pas encore totalement expliqué, mais différentes hypothèses ont été avancées. Par exemple, le fait de piétiner

Les positions inconfortables que les chiens adoptent avant et après le marquage du territoire ont toutes un but précis. Le facteur stimulant auquel ils ne peuvent résister est l'odeur d'un autre chien associée à un stimulus visuel, un arbre ou le coin d'un immeuble, par exemple.

l'herbe constitue un signal visuel, que le chien pourrait tenter de reproduire sur un trottoir. Mais en réalité, une telle interprétation est peu vraisemblable. On peut observer ce même phénomène (le piétinement) chez les chiens qui s'apprêtent à s'accroupir, et dans ce cas, il est évident qu'ils préparent le terrain pour le rendre plus commode et s'y allonger agréablement.

Il est possible que l'apparition de ce réflexe au moment de la défécation soit une sorte de substitution. Adopter un comportement à la place d'un autre est chez les chiens un phénomène assez fréquent.

Autre exemple de substitution auquel les chiens recourent très souvent : ils se grattent l'épaule avec la patte postérieure, ou reproduisent des actes stéréotypés, comme par exemple tourner sur eux-mêmes.

Si on observe bien les chiens lorsqu'ils lèvent la patte postérieure ou grattent le sol, il devient évident que le comportement excrétoire chez les chiens n'a pas pour seule fonction l'élimination des déchets alimentaires, mais témoigne aussi du désir de laisser un message aux autres chiens.

Il faut savoir qu'une marque odorante n'est pas un simple signal, mais une véritable carte de visite propre à chaque individu. Tous les chiens, mâles et femelles, sont dotés de deux glandes au niveau de l'anus, qui donnent probablement une odeur tout à fait caractéristique aux selles.

Du reste, nous savons tous que, lorsque deux chiens se rencontrent, ils se flairent réciproquement la région de la queue, justement là où se trouvent les glandes, et c'est ainsi qu'ils s'identifient.

Lorsque deux chiens se rencontrent, ils se flairent réciproquement : cela leur permet de connaître le sexe, l'âge, et parfois le statut social de l'autre.

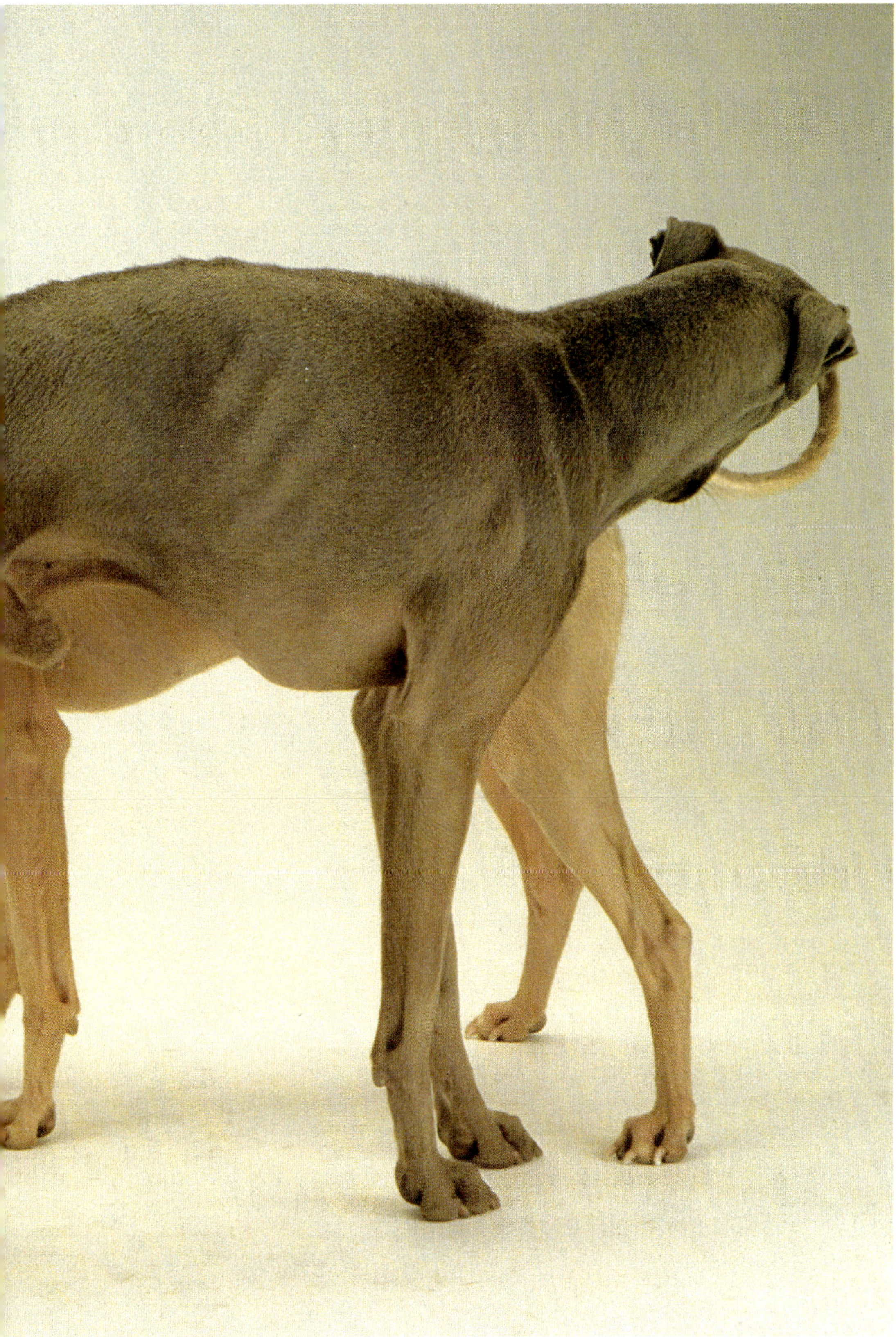

Notons également que le chien laisse son odeur en grattant le sol après avoir déféqué. En effet, il dispose entre les doigts, de glandes sudoripares, et lorsqu'il gratte le terrain, il laisse un peu de son odeur sur le sol. Il est intéressant de noter que le grattage est parfois associé au fait d'uriner.

Lorsque la femelle est en chaleur, elle augmente considérablement la fréquence des marquages, et finit par égaler le mâle dans ce domaine.

De cette façon, ses chances pour rencontrer un partenaire augmentent.

Considérant tous ces faits, on comprend facilement que la fonction principale du comportement excrétoire n'est pas de marquer le territoire, au sens strict du terme, comme on le croit généralement ; il s'agit en fait d'un mode complexe de communication qui permet à un individu de rencontrer ses congénères.

C'est surtout pendant les chaleurs que ces comportements favorisent la rencontre entre les animaux de sexe opposé, et par conséquent l'accouplement. Mais les signaux olfactifs-visuels donnent toujours des informations précises sur les individus et sur l'état de la population d'une zone donnée, aussi utiles pour les chiens domestiques que pour les animaux sauvages, en particulier pour les jeunes en quête d'une meute ou d'une compagne.

Pour illustrer le fait que le comportement excrétoire n'a pas uniquement une fonction territoriale, je voudrais conclure en évoquant plusieurs expériences réalisées par Scott et Fuller, deux scientifiques américains qui ont travaillé sur la psychologie canine : ils ont démontré que l'activité de marquage diminuait chez les chiens qui vivent enfermés.

Lorsqu'un chien a flairé dans le jardin le signal d'un autre chien, il ne recherche pas l'intrus avec agressivité, mais marque de nouveau son territoire. Dans la nature, les loups se comportent de la même façon : ils ne défendent pas activement tout le territoire qu'ils marquent (l'aire d'habitation, ou *home-range*), mais uniquement la zone proche de la tanière, tolérant ainsi le passage d'autres loups.

LA DÉFENSE

La plupart des attaques dirigées contre d'autres chiens ou contre l'homme sont la conséquence de l'instinct canin : le chien défend coûte que coûte son territoire.

Mais pourquoi les chiens attaquent-ils si facilement et pourquoi attaquent-ils parfois leurs maîtres ? Est-il exact qu'ils peuvent se retourner brusquement contre un membre de la famille avec une fougue irrépressible ?

La réponse à la première question est simple et on la trouve en étudiant attentivement le comportement agressif du chien. Pour répondre à la seconde question, il faut tout d'abord balayer les fausses croyances et les superstitions trop répandues.

On parle souvent de ces animaux comme des êtres très dangereux parce que très agressifs. En réalité il ne s'agit pas d'une agressivité occasionnelle et imprévisible, mais d'une réaction à des stimuli bien précis.

Le chien attaque parce qu'il veut dominer le groupe ou la famille dans laquelle il vit, dominer les autres animaux n'appartenant pas au groupe, ou contester leur autorité. Il agit parfois sous l'effet de la jalousie, de la peur ou de la douleur. C'est de ce type d'agressivité dont nous parlerons, lorsque nous analyserons le comportement social des chiens.

On distingue aussi l'agressivité maternelle, que l'on retrouve chez d'autres animaux, et qui est spécifique aux chiennes ayant des chiots. Celles-ci ne permettent qu'à leur maître de s'approcher de la portée, parfois même refusent toute présence.

Il y a également l'agressivité liée au territoire, plus exactement à sa défense. Et enfin, l'agressivité prédatrice à l'égard des autres animaux appartenant à d'autres espèces, telles que les poules, les lapins ou les moutons.

C'est précisément ce comportement inné de défense du territoire que l'homme a le plus exploité dans le processus de domestication, puisqu'il a sélectionné au cours des siècles les individus qui

L'agressivité a toujours une origine précise ; elle est liée à un stimulus externe. Dans la plupart des cas, le chien est agressif parce qu'il cherche à défendre son territoire.

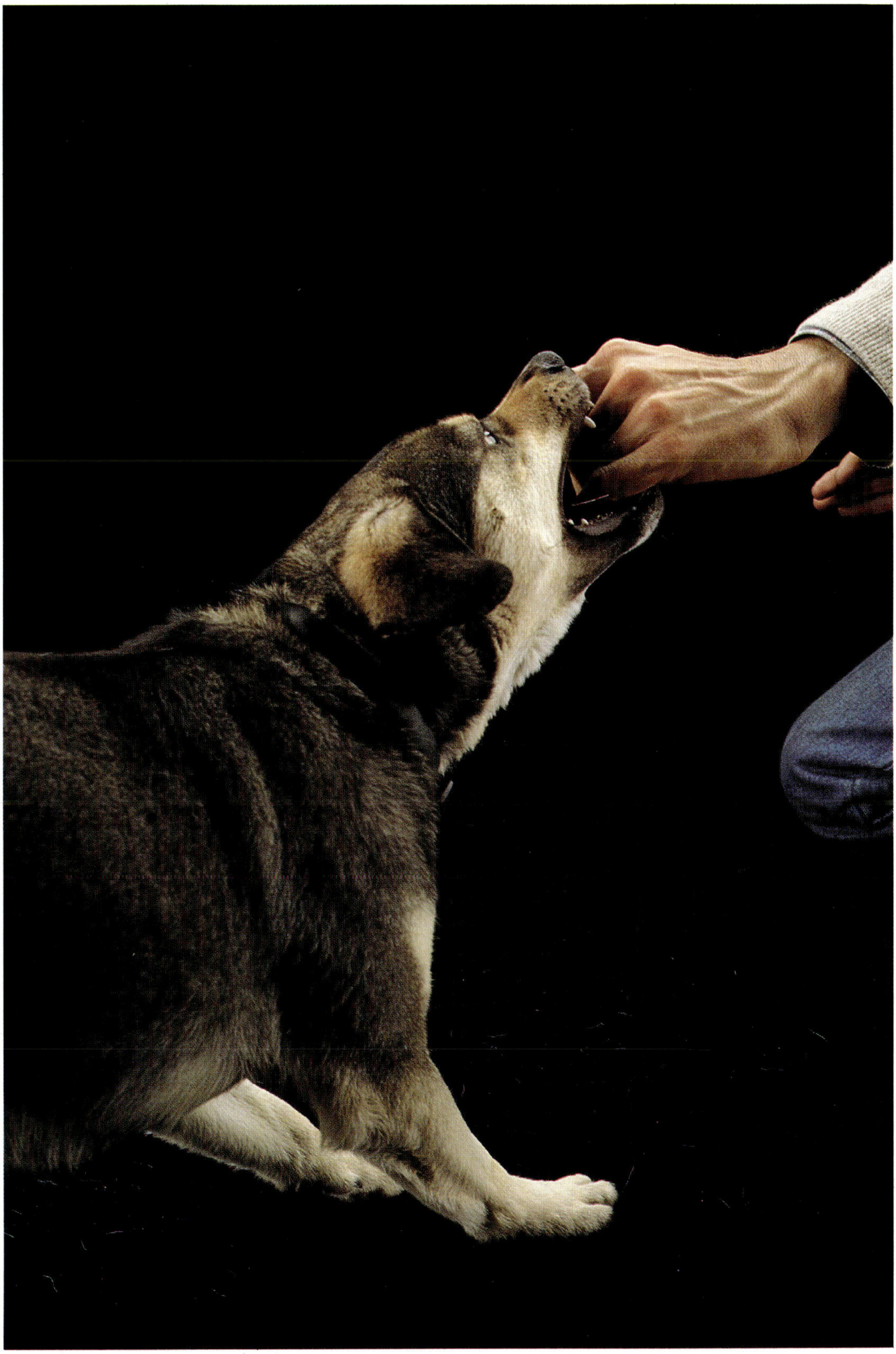

présentaient des facultés et des aptitudes spécifiques au service de la garde et de la défense. Il a ainsi, dans cette perspective, créé de très nombreuses races.

Comme nous l'avons déjà dit, le chien considère la maison dans laquelle il vit comme la tanière de sa famille humaine, et il est toujours prêt à la défendre contre la venue de n'importe quel étranger, qu'il s'agisse d'un homme ou d'un chien.

Par ailleurs, le chien peut devenir très possessif à l'égard de n'importe quel objet, un os, une chaussure ou une bouteille en plastique, et le défendre avec ténacité, ne permettant à personne de s'en emparer.

Le fait de s'approcher d'un chien qui se repose peut aussi être dangereux, d'une part parce que son domaine vital n'est pas respecté, d'autre part parce que le chien est dérangé dans son sommeil.

Ce sont des notions enracinées dans la sagesse populaire, qui dit bien qu'il ne faut pas « taquiner un chien qui dort » ou « enlever un os à un chien ». Ces dictons signalent d'une part le danger qui peut naître de ces situations, et d'autre part mettent en évidence le respect que l'on doit au chien si l'on veut vivre avec lui.

Il peut sembler étrange que l'homme habitué à exploiter les qualités des animaux à son profit réserve au chien une relation privilégiée. Car en effet il y a quelque chose de plus qu'une simple utilisation du chien qui, au cours des siècles, a été employé comme chasseur, berger, gardien, guide, secouriste, etc.

C'est son comportement social très proche du nôtre qui a facilité les contacts avec les hommes. L'attachement des hommes au chien est si profond qu'il est difficile de trouver un cas d'association aussi étroite avec d'autres espèces. Par exemple, l'agressivité des chiens à l'égard des étrangers représente un des rares cas d'agressivité territoriale interspécifique : la plupart des animaux territoriaux sont agressifs uniquement envers leurs semblables qui pénètrent dans leur territoire.

Un chien peut devenir agressif si on s'empare d'un objet quelconque, de son jouet préféré, ou si on lui retire sa pâtée, ce qui est très compréhensible.

Le dessin représente un chien sur le point d'attaquer : l'expression, oreilles dressées et babines retroussées, caractérise la menace ouverte.
À DROITE, l'expression menaçante d'un Berger allemand.

Plus d'un tiers des attaques dirigées contre les personnes sont lancées par des chiens à proximité d'un objet ou d'une chose qu'ils considèrent comme leur propriété. Il vaut mieux observer les dictons et rester à distance respectueuse d'un chien qui ronge un os ou qui mange sa pâtée.

Un animal qui ronge un os, gronde souvent dès que quelqu'un s'approche ; il s'élance parfois vers l'intrus en montrant les dents, simule une attaque, puis s'arrête après quelques pas. On peut observer ce comportement chez les chiens dès l'âge de deux à trois semaines et durant toute leur vie ; il ne s'agit que d'un jeu.

J'ai pu observer le comportement d'un chien « sauvage » près d'un tas d'immondices en train de ronger un gros os de vache ; de temps en temps, il simulait une attaque à l'égard d'une corneille grise qui, elle aussi, se trouvait là pour se nourrir. Après la quatrième ou la cinquième attaque, l'agression était devenue un jeu. Le chien était assis en face de l'os et regardait la corneille en remuant la queue. Dès que celle-ci s'approchait, le chien s'élançait vers elle, la chassait puis repartait, prêt à recommencer.

Quand un étranger s'approche de la maison, le chien se met souvent à aboyer, comme pour prévenir les habitants. Dans une meute de loups, le premier qui sent le danger aboie, ce qui met toute la meute en alerte. Cette simple manœuvre décourage souvent l'intrus.

Toutefois, si l'étranger s'approche davantage, les membres de la meute le flaireront et pourront même l'attaquer. En général, s'il s'agit d'un loup par exemple, il s'enfuit la queue entre les jambes, poursuivi par ses congénères qui cherchent à le mordre sur les flancs.

Les chiens peuvent adopter ce comportement avec leur propre maître. On a calculé qu'environ 60 % des agressions sont dirigées contre des personnes que les chiens connaissaient déjà.

Ce fait prouve bien que la croyance selon laquelle les chiens errants et sauvages sont plus dangereux que les chiens domestiques est tout à fait erronée. Bien que leur nombre soit très élevé et que les occasions de les rencontrer ne manquent pas (contrairement aux chiens domestiques), les chiens errants sont responsables de moins de 10 % des agressions.

Ceci est dû au fait que leur territoire est extrêmement réduit, voire inexistant, et que le terrain sur lequel ils vivent a davantage les caractéristiques d'une aire d'habitation, assimilée à un territoire de chasse. L'animal fera donc surtout preuve d'agressivité vis-à-vis des proies éventuelles, et non à l'égard de ses semblables ou d'autres concurrents.

On a tendance à croire que les chiens qui agressent leur maître sont devenus subitement fous. En réalité, le plus souvent, l'agression est liée à la domination au sein de la « meute » ou à une certaine jalousie.

On observe toutefois des comportements agressifs anormaux. En général ils sont beaucoup plus rares qu'on ne le pense, et ils concernent des animaux malades, souvent atteints de troubles du cerveau.

LE VAGABONDAGE

La plupart des chiens domestiques sont obligés de vivre dans les espaces fermés, tels que les jardins clôturés, les chenils ou les appartements ; bien peu ont la chance d'habiter un milieu rural, où ils puissent gambader à l'air libre. Mais si le chien a la possibilité de jouir d'un grand espace, il en profite souvent pour s'éloigner plusieurs heures par jour.

Une fois de plus, pour mieux comprendre les raisons qui poussent le chien au vagabondage, il est bon de se reporter au loup, son ancêtre sauvage.

Le territoire de chasse d'une meute de loup couvre plusieurs dizaines de kilomètres carrés et comprend habituellement le périmètre des différentes tanières. Chaque membre de la meute peut s'éloigner durant quelques jours pour assouvir un besoin sexuel, trouver de la nourriture ou partir en exploration.

Certes, le mode de vie normal d'un chien n'est pas comparable à celui du loup, étant donné que le territoire familial est beaucoup plus restreint. Toutefois, le fait de s'éloigner de la maison de plusieurs kilomètres est pour un chien tout à fait naturel. Il ne rompt pas les liens qui le rattachent à la famille et, de toute façon, peut revenir à n'importe quel moment.

Les raisons qui poussent un chien à s'éloigner de la maison sont multiples. Bien sûr, les stimuli qui l'incitent au départ doivent être très forts pour compenser tous les obstacles et difficultés qu'il devra surmonter ; c'est particulièrement vrai pour les chiens très attachés à leur maître et à la maison dans laquelle ils vivent.

Le vagabondage peut offrir au chien de très nombreuses opportunités, des rencontres avec des congénères ou un accouplement particulièrement attrayant, par exemple ; ce dernier point concerne d'ailleurs surtout les mâles.

Durant les périodes de chaleurs, en particulier en automne et au printemps, les traces odorantes laissées par une femelle peuvent attirer les mâles sur des distances considérables.

La meute de chiens sauvages que mes collègues et moi-même avons observée dans les Abruzzes se composait de quatre ou cinq individus ; au printemps, ils étaient au nombre de dix à douze, car des villages voisins étaient arrivés des groupes de chiens (mâles et femelles d'un berger ou chiens errants) qui s'étaient unis pour ne former qu'une seule meute. Le groupe est resté soudé pendant toute la période des amours puis chacun est retourné à la maison chez son maître ou dans des étables abandonnées.

La chasse ou une source de nourriture facilement accessible peuvent également constituer une forte motivation au départ.

Mais un chien peut aussi être attiré par les rela-

Les raisons qui poussent un chien au vagabondage sont multiples, la première étant l'appétit sexuel. En effet, durant la période des amours, la trace odorante d'une femelle en chaleur peut être perçue par un mâle à des kilomètres.
À GAUCHE, un chien vagabond qui se nourrit de déchets alimentaires. Même s'il se trouve loin de son territoire, un chien ne perd jamais les liens qui le rattachent à la famille et il peut donc revenir à tout moment.

tions sociales avec d'autres chiens ou d'autres hommes qui vivent à une certaine distance de la maison, ou éprouver simplement le désir d'explorer les alentours de la maison. De nombreux chiens, en particulier les chiens âgés, tentent de s'échapper de leur nouvelle demeure ou de quitter leur nouveau propriétaire pour s'en retourner chez leur précédent maître ou dans leur ancienne maison.

Le sentiment d'abandon, surtout chez les chiens confiés à un chenil au moment des vacances, peut aussi pousser certains individus à prendre la fuite.

Il arrive également que des phénomènes atmosphériques ou des catastrophes naturelles provoquent chez les chiens craintifs des réactions de fuite, même si leur maître est près d'eux.

D'autres raisons, d'ordre pathologique, peuvent pousser un chien à quitter le clan familial. La fuite et le vagabondage sont des symptômes typiques des deux premiers stades de la rage et d'autres maladies cérébrales qui se manifestent par des troubles de la conscience.

De même, un trouble de l'intelligence, de nature congénitale ou faisant suite à une grave maladie qui aurait lésé certaines cellules cérébrales, peut entraîner un manque ou la perte totale de ce sentiment d'appartenance qui rattache un chien à sa maison ou à ses compagnons.

Les chiens sont dotés d'une grande faculté d'adaptation aux différentes situations et si on les habitue tout jeunes, on peut facilement les élever dans de petits terrains clos ou dans des chenils.

Bien que cette situation ne soit évidemment pas souhaitable (le chien devrait pouvoir disposer d'un espace plus grand), la plupart des animaux l'acceptent assez bien.

Les chiens sont aussi des êtres d'habitudes et acceptent facilement la routine. Ils suivent généralement volontiers tous les jours le même programme, une promenade ou une petite course tous les matins, par exemple, et n'essaient pas de

Un chien confié à un chenil au moment des vacances peut éprouver un sentiment d'abandon et chercher à s'enfuir. C'est particulièrement fréquent chez les animaux qui n'ont jamais fait cette expérience, surtout s'ils sont âgés.

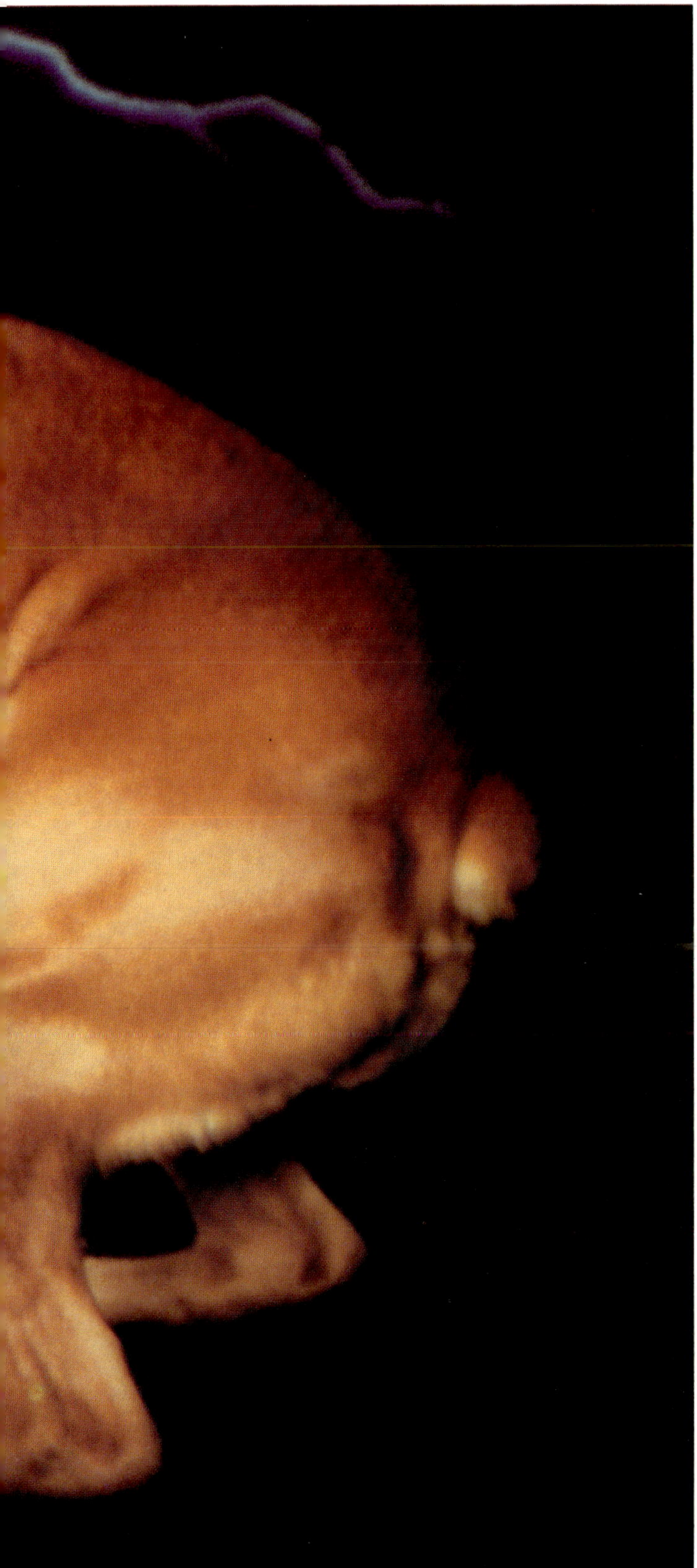

La peur peut également pousser l'animal à quitter le clan familial. Lors des orages ou des feux d'artifice, les animaux craintifs s'enfuient, même en présence de leur maître.

s'échapper. Toutefois il arrive que les chiens enfermés subissent trop souvent des rythmes irréguliers perturbants : une vie cloîtrée pendant la semaine, et une liberté totale avec beaucoup d'exercice durant tout le week-end. Ils ne parviennent pas à distinguer les jours de la semaine, et donc à s'habituer à un tel rythme. Ne sachant à quel moment il va sortir, l'animal s'enfuira, ou essaiera à plusieurs reprises de partir.

Pour éviter cette situation, il est tout à fait possible d'apprendre à un chien à sortir de la maison seul.

Certains maîtres envoient leur chien en « mission » : il est capable de traverser les rues bondées d'une grande ville pour « acheter » le journal chez le marchand de journaux qui se trouve sur la place la plus proche.

Ces animaux n'ont pas peur de la circulation, traversent les rues en empruntant toujours le même chemin et, très ponctuels, reviennent à la maison, une demi-heure plus tard ou après un intervalle un peu plus long selon les habitudes de l'animal.

Les chiens sont des animaux particulièrement intelligents : ils apprennent facilement à sortir seuls et font même de petites commissions, rapporter le journal par exemple.
CI-DESSOUS, l'expression apeurée d'un chien vagabond.

LA CHASSE

Nous avons vu que l'instinct prédateur et l'instinct sexuel constituent les deux principales raisons qui poussent les chiens à quitter la maison ou le jardin pour vagabonder.

Ainsi découvre-t-on avec surprise que de très nombreux chiens affectueux et inoffensifs sont complètement différents la nuit et attaquent sans vergogne une poule, une oie ou un mouton.

Il ne faut pourtant pas s'étonner : les chiens sont avant tout des animaux chasseurs et, bien qu'ils aient été sélectionnés dans des optiques très différentes, ils conservent plus ou moins l'instinct prédateur.

Contrairement à de nombreux félins, les loups ne guettent pas leur proie : ils la cherchent, et par conséquent consacrent beaucoup de temps à la chasse.

Les chiens ont conservé cet instinct et, comme chez leurs ancêtres sauvages, ce comportement « investigateur » s'exprime plus souvent que n'importe quel autre.

Il existe toutefois une différence fondamentale : les loups ne sont pas des chasseurs spécialisés ; ils traquent différentes espèces et mangent pratiquement tout ce qui est à leur disposition lorsque le gibier devient rare. À la chasse, ils exploitent tour à tour tous leurs sens, vue, ouïe, odorat, selon la nécessité.

Les différentes races de chiens, elles, ont été sélectionnées dans des buts précis, et chacune s'est spécialisée dans un type particulier de chasse.

Même si le chien restera toujours en deçà du loup dans l'adaptation à la vie sauvage, le loup ne pourra jamais l'égaler dans sa spécialisation.

Le chien courant relève et suit plus facilement une trace, le Terrier débusque plus rapidement le gibier, le Retriever a une meilleure vue, le Lévrier est plus rapide, le Berger est plus efficace pour guider le troupeau, etc.

Cependant, le comportement investigateur des chiens n'est généralement pas très différent de celui des loups. Les petites différences que l'on observe sont la conséquence d'une longue sélection qui a renforcé ou affaibli certains schémas innés, et modifié l'impact des différents stimuli.

Dès qu'un chien arrive dans un nouvel endroit, il se met à flairer attentivement chaque objet. C'est cette caractéristique qui a été exploitée chez les chiens de chasse. Les Braques, par exemple, explorent la tête haute. Dès qu'ils identifient une odeur dans l'air, ils baissent immédiatement le museau à terre et suivent rapidement la trace, jusqu'à ce qu'ils soient remontés à sa source.

Autre comportement caractéristique : de nombreux chiens courent rapidement le long du chemin en quête d'une trace. Dès qu'ils en ont identifié une, ils font des allers-retours, la tête très basse, pratiquement au contact du sol. S'ils perdent la trace, ils effectuent des tours jusqu'à ce qu'ils la retrouvent.

Les chiens spécialisés dans le gibier de plumes se comportent différemment. Étant donné que les oiseaux laissent peu de traces au sol, les chiens ne peuvent les trouver qu'en explorant le périmètre de chasse dans toutes les directions ; en général, ils perçoivent l'odeur à quelques mètres seulement de la proie.

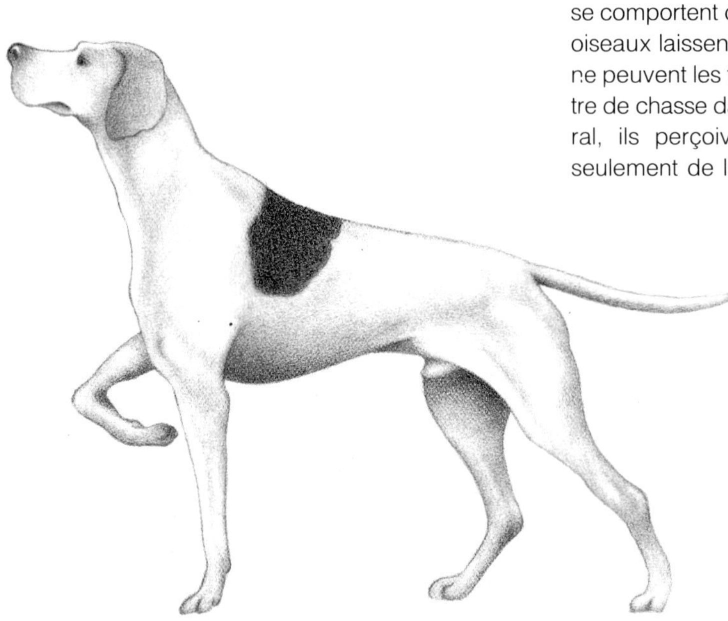

Bien qu'ils aient été sélectionnés pour des buts différents, les chiens sont avant tout des animaux chasseurs ; l'instinct prédateur demeure chez toutes les races.
À GAUCHE, un Pointer en arrêt, la tête haute. Dès qu'il a identifié l'odeur dans l'air, le chien baisse le museau à terre et remonte rapidement la trace jusqu'à ce qu'il en ait localisé la source.

L'ATTAQUE

De nombreux chiens trouvent beaucoup de plaisir à courir derrière les voitures, les mobylettes et les vélos ; il ne s'agit pas pour autant d'animaux présentant des troubles du comportement. On pourrait comparer cette réaction à celle d'un chien de chasse qui cherche sa proie et la poursuit. En général, ces animaux n'ont pas la possibilité d'exprimer leur instinct de prédateur comme ils pourraient le faire s'ils étaient à la chasse, et leurs « poursuites » sont donc des actes de substitution.

Tant que le jeu se limite à la poursuite, il n'y a aucun danger. Malheureusement, le comportement prédateur l'emporte souvent, et le chien ne fait plus la différence entre le lièvre, le renard, la jambe du cycliste, la poule du poulailler voisin ou le mouton du berger.

L'instinct prédateur est tellement fort que certains chiens parmi les plus affectueux et les plus inoffensifs ne peuvent s'empêcher de massacrer les animaux domestiques dès qu'ils en ont la possibilité.

L'épisode le plus cruel dont j'aie été témoin est certainement celui qui mettait en cause deux « très bons chiens » : une nuit, sur les routes de campagne, ils attaquèrent et tuèrent un poulain que la mère était en train de mettre bas.

Le comportement lié à l'agressivité prédatrice est très particulier. En effet, toutes les formes d'agressivité, à quelques exceptions près, sont avant tout intraspécifiques, alors que l'attaque d'une proie est un exemple classique d'agressivité interspécifique. Ce schéma se retrouve chez tous les prédateurs.

Par ailleurs, lorsque l'animal attaque sa proie, il ne se met pas à gronder ou à remuer la queue, car sa victime alertée aurait la possibilité de s'échapper.

On peut comparer un chien qui court en aboyant après les voitures, les mobylettes et les vélos à un chien de chasse poursuivant sa proie : il s'agit d'un comportement substitutif.

Le schéma présente un chien sautant sur sa proie. L'attaque est parfaitement silencieuse pour ne pas alerter la victime.

L'INSTINCT PRÉDATEUR

Cela peut sembler étrange, et pourtant il est probable que l'instinct qui pousse les chiens à tuer pour se procurer de la nourriture soit à l'origine de l'amitié entre le chien et l'homme.

La sélection artificielle pratiquée au cours des âges a modelé cet instinct et c'est ainsi qu'ont été créés les Retrievers, les chiens courants, les chiens de garde et les chiens de berger.

Dans la nature, la stratégie de chasse des loups varie selon les meutes ; quoi qu'il en soit, le taux de réussite est très faible (en moyenne, une sortie fructueuse pour douze ou treize tentatives).

En général, la première étape consiste à encercler le troupeau ou l'animal qui a été choisi. On pense également que les loups sont parfois en mesure de guider le troupeau. Le cerf ou l'animal poursuivi par le loup peut, en fuyant, s'approcher inconsciemment d'un autre loup prêt à l'attaquer.

Ce comportement qui s'efforce de localiser et de guider le troupeau a été très largement exploité par l'homme. C'est ainsi que le chien de berger est né, à qui bien sûr on a interdit d'attaquer.

Le chien de berger doit être suffisamment menaçant pour que le mouton lui obéisse, mais assez obéissant et soumis pour qu'un seul cri ou un geste du berger l'arrête.

C'est en Afrique du Nord et au Moyen-Orient que les Lévriers ont été sélectionnés ; on a mis l'accent sur leurs grandes qualités de coursiers en terrain ouvert. Aujourd'hui encore, les Arabes utilisent le Saluki pour la chasse à la gazelle.

Après avoir encerclé l'animal, les loups le poursuivent et tentent de l'affaiblir en le mordant aux flancs jusqu'à ce qu'ils parviennent à le saisir à la gorge et à le tuer.

L'homme, pour son plaisir et pour organiser des combats opposant un taureau à un chien dans les arènes, a réussi à sélectionner une race dont le comportement offensif soit complètement différent.

Le Bulldog est un chien qui a été créé spécifiquement pour les combats. À l'inverse des loups et de la plupart des chiens qui attaquent par-derrière, le Bulldog attaque de front : il se jette sur le museau du taureau et y reste accroché.

Au moment de l'attaque, les loups esquivent les coups ; c'est pourquoi ils mordent puis se dégagent rapidement pour éviter ruades, morsures ou coups de cornes. Là aussi, l'homme a réussi à combattre ce comportement.

Les Terriers ont été sélectionnés pour leur cou-

Chasse en été

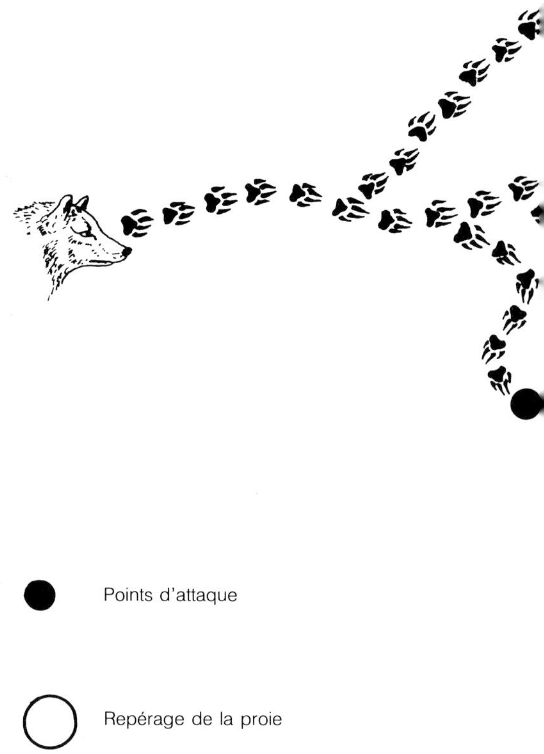

Chasse en hiver

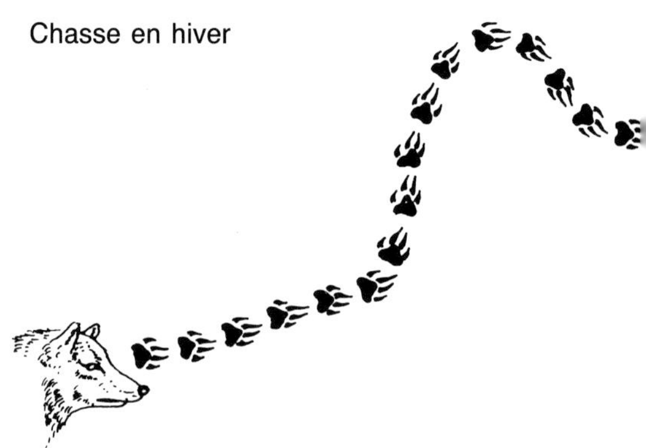

À GAUCHE, formation de la meute en fonction du type de chasse. En été, la meute (en haut), se disperse en éventail pour traquer plus efficacement les petits mammifères. En hiver (en bas) la meute reste unie pour pouvoir attaquer plus facilement les gros herbivores. Les traces représentent les déplacements ; à chaque bifurcation, la meute se sépare.

CI-DESSOUS, un Saluki, Lévrier encore utilisé aujourd'hui au Moyen-Orient pour la chasse à la gazelle.

rage. Ces animaux robustes montrent en effet une vaillance et une endurance exceptionnelles dans le combat, au mépris des éventuelles blessures qu'ils pourraient subir. Lorsqu'un Terrier repère une tanière, on peut affirmer qu'il y aura une victime : en effet, le combat ne cessera que lorsque la proie ou le chien mourra. Ce comportement se retrouve dans les luttes qui l'opposent à d'autres chiens, de sorte que les duels qui mettent en cause un Terrier sont très souvent mortels.

D'autres races ont été sélectionnées dans des perspectives complètement opposées.

Les chiens courants sont des animaux extrêmement pacifiques ; ils combattent rarement sérieusement, même avec des étrangers. Ce caractère bonhomme est utile à l'homme, car il peut former des meutes et les faire vivre dans un chenil. D'autant plus que les races à babines longues et pendantes sont vulnérables et pourraient se blesser au cours de combats. Ces babines sont sans doute le résultat d'une sélection visant à développer l'odorat, mais aussi à limiter les combats.

Les chiens d'arrêt n'ont pas le droit d'attaquer les proies. Dès qu'ils les ont trouvées, ils doivent indiquer où elles se trouvent. Ils se tiennent généralement à distance du gibier.

Les Retrievers doivent saisir la proie doucement, sans la mordre, afin qu'elle ne soit pas abîmée, puis la rapporter à leur maître. Par ailleurs, ces chiens doivent avoir une bonne vue puisqu'il leur faut retrouver l'endroit où un oiseau est tombé afin d'aller le chercher.

Bien sûr, les loups n'ont pas toujours à leur disposition des grosses proies, c'est pourquoi ils doivent se résoudre à manger ce qu'ils trouvent, y compris les baies et les charognes. À l'occasion, ils chassent les rongeurs, sautant sur leur proie avec leurs quatre pattes et clouant l'animal au sol.

On a déjà observé ce comportement chez de nombreux canidés sauvages, tels que les coyotes et les renards, mais rarement chez les chiens : bien qu'ils chassent souvent les rats, ils adoptent d'autres tactiques de chasse.

L'instinct prédateur varie beaucoup selon les races. Les Terriers, chiens d'attaque, ont été sélectionnés pour leur courage. EN HAUT, *les chiens d'arrêt, comme les Setters, sont des spécialistes de la chasse en terrain découvert.* CI-CONTRE, *les chiens courants, souvent très pacifiques, sont sélectionnés pour former des meutes et vivre en groupe dans un chenil.*

LE COMPORTEMENT SOCIAL

VIE DE GROUPE

Les comportements sociaux qui caractérisent la vie de groupe constituent un des aspects les plus intéressants de la biologie canine.

Même si certains d'entre eux ne sont pas encore entièrement expliqués, et bien que les interprétations de nombreuses attitudes canines soient généralement fausses, l'analyse des différents comportements sociaux permet de comprendre pourquoi l'homme et le chien cohabitent en harmonie. Il y a en effet à la base de cette cohabitation un patrimoine commun de comportements, caractéristiques de la vie sociale de groupe, et par conséquent une remarquable compréhension mutuelle. Nous avons vu dans le chapitre sur le comportement territorial que le chien s'identifie davantage à son environnement familial, la meute, qu'à sa tanière ou à son territoire.

En général, la meute est constituée d'un petit nombre d'individus : les chiens et les loups vivent dans des groupes composés de quelques adultes — mâles et femelles — et de leur progéniture.

Cependant, une fois de plus, la capacité d'adaptation de ces animaux fait que l'on peut rencontrer des situations très variables, parfois éloignées de ce schéma classique ; ainsi, à côté des grandes meutes de loups d'Amérique du Nord et de Dingos australiens, il existe des groupes constitués d'un seul couple et de sa progéniture ou des individus solitaires. C'est en particulier le cas des loups et des chiens sauvages des Apennins italiens.

Cette faculté d'adaptation ne s'accompagne pas d'une grande souplesse au niveau des comportements sociaux. Ils sont pratiquement identiques non seulement chez les différentes races de chiens et chez les loups, mais aussi chez les canidés les plus proches, tels que les coyotes et les chacals, et chez les canidés plus lointains comme les renards.

Toutefois, ces quelques différences sont déterminantes, et suffisent à expliquer les divergences qu'on peut observer au niveau des comportements d'un groupe : l'organisation sociale de la meute, tout en se basant sur les mêmes comportements, est sensiblement différente selon les espèces de canidés.

La meute n'est pas toujours un groupe social très organisé. Selon l'espèce, les relations entre les individus sont complexes ou très simples. La hiérarchie (domination/soumission), qui n'est pas

Attitude typique d'un animal dominant. Les relations entre les chiens sont très simples, elles se basent sur un rapport de domination/soumission qui détermine l'importance sociale de chaque individu.

très stable, détermine l'importance sociale de chaque individu.

Lorsqu'un chien entre dans une famille humaine, il transpose les relations sociales qu'il entretient normalement avec ses semblables au niveau des êtres humains.

Au risque de décevoir les amoureux des chiens, il faut insister sur le fait que les chiens n'apprennent pas à se comporter comme les hommes : ils continuent à présenter les comportements typiques de tous les canidés.

Certaines personnes qui ont affaire aux chiens essaient d'établir avec eux les rapports qu'ils ont avec les autres hommes, et tentent de les inciter à se comporter comme des êtres humains. Résultat : la relation n'est ni humaine, ni canine. Le chien ne constitue plus un membre de la meute, même s'il continue à se comporter comme tel ; il devient un individu complètement dépendant qui obéit à son maître. On ne le considère pas non plus comme un enfant, dans la mesure où il ne peut ni grandir, ni changer de statut social.

Si on voulait décrire ce phénomène le plus justement possible, on pourrait comparer la situation

du chien domestique à celle d'un éternel chiot soumis à jamais à son maître (le chef, l'homme).

À l'état sauvage, le nombre d'individus d'une meute varie selon l'abondance de nourriture au sein du territoire et selon le type de proies chassées. Bien sûr, un groupe de chiens ou de loups peut tuer beaucoup plus facilement un cerf ou un autre herbivore qu'un individu ou un couple seul.

Mais ce n'est pas le seul facteur, car les avantages de la vie en communauté ne se limitent pas aux éventuels succès à la chasse. Le loup italien, par exemple, continue à vivre en meute même si dans la région où il vit il n'y a plus de gros herbivores à chasser.

En effet, vivre en meute permet non seulement de chasser plus efficacement une proie, mais aussi de mieux se défendre face aux dangers de la vie sauvage.

À la base de cette vie en communauté, il existe une prédisposition génétique. Lorsque les chiots ont environ cinq semaines, ils abordent une phase de socialisation avec les individus qui leur sont proches. Il s'agit d'un comportement mimétique qui incite les chiots à exercer en même temps les mêmes activités : c'est une sorte de comportement contagieux, comparable au bâillement humain, dont la signification biologique est la synchronisation des activités au sein du groupe.

C'est le premier symptôme de l'esprit de groupe, et il est à la base de la vie sociale des chiens et des loups.

Les chiens, lorsqu'ils vivent ensemble, marchent, courent, se reposent, s'assoient, s'allongent, se lèvent, aboient et hurlent toujours en même temps.

Tous les propriétaires de chiens savent bien que ces animaux vivent facilement en groupe. Prenons le cas de deux individus qui ne se connaissent pas et qui se trouvent enfermés dans le même endroit. Après les rituelles présentations, si aucun problème d'incompatibilité ne surgit, ils se compor-

Attitude de soumission. Lorsqu'un chien entre dans une famille, il transpose les rapports qu'il entretenait avec ses semblables sur les êtres humains.
CI-CONTRE, des chiots de cinq semaines entrant dans la période de socialisation.

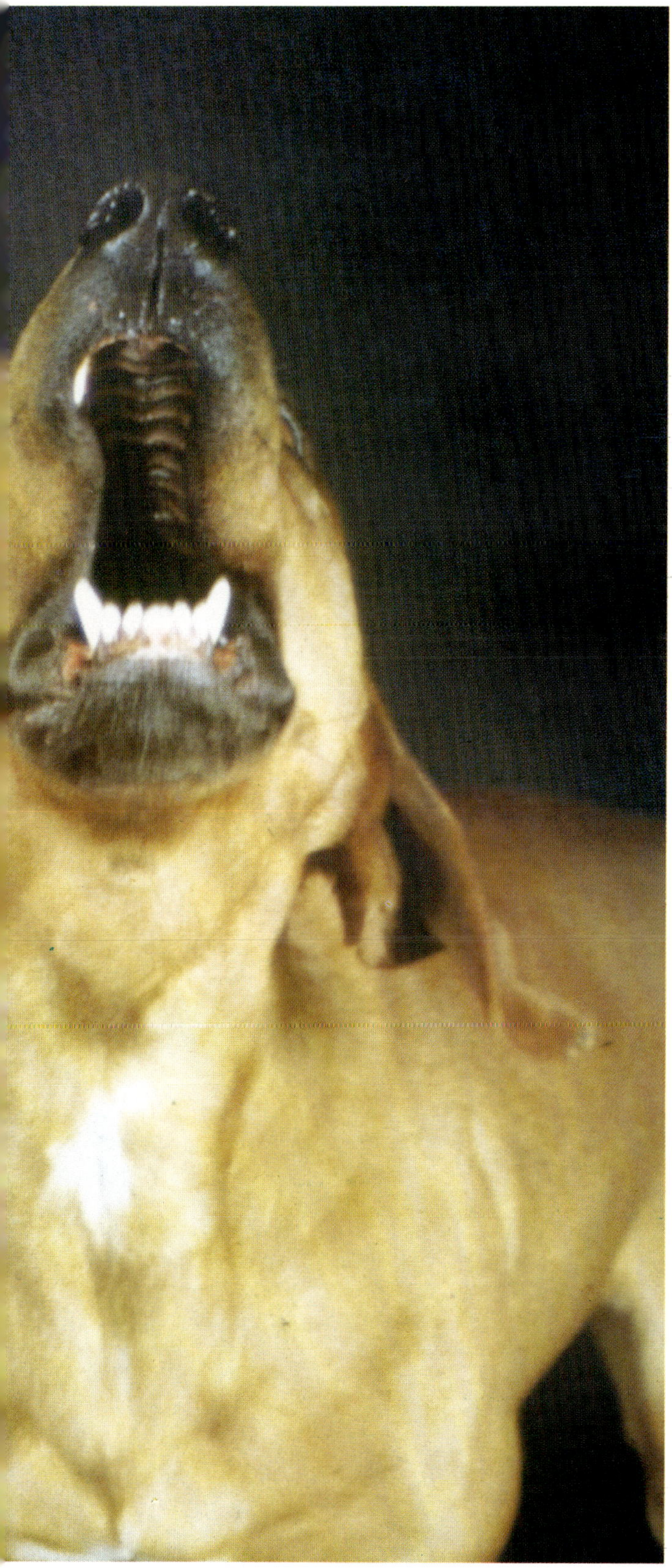

Les chiens ont un esprit de groupe très développé qui est à la base de leur vie sociale. Dans une meute, les individus marchent, courent, se reposent, aboient toujours ensemble. Ainsi, deux chiens vivant pour la première fois dans la même maison se comporteront, après les rituelles présentations, comme s'ils faisaient partie du même groupe. Lorsque l'un des deux aboit, l'autre lui répond.

tent comme s'ils avaient toujours fait partie de la même bande. Si l'un des deux aboit, l'autre l'imitera, si l'un des deux se lève pour une petite inspection, l'autre le suivra aussitôt.

Même si cette tendance à imiter les individus du groupe se manifeste surtout chez les jeunes, ce contact permanent, qui n'est pas seulement visuel mais aussi tactile et acoustique et qui renforce la cohésion du groupe, se maintient chez les animaux adultes.

Un animal dominant rappelle sa suprématie à un animal soumis. Lorsqu'une rivalité surgit entre deux individus, il est rare qu'elle donne lieu à un véritable combat.

DOMINATION-SOUMISSION

Tous les animaux qui vivent en groupe établissent une hiérarchie qui détermine les relations entre les individus. Les animaux dominants montrent leur agressivité de différentes façons afin de soumettre totalement les animaux subalternes. Naturellement, tous les membres du groupes occupent, dans la hiérarchie, une position particulière : entre les deux extrêmes il existe toujours une gradation plus ou moins complexe.

Le comportement social des chiens — héritage de leurs ancêtres sauvages — reflète cette structure sociale.

Tout le monde sait que les relations entre les chiens se basent sur un rapport de force et que les uns cherchent à dominer les autres. Toutefois, cette observation n'est satisfaisante qu'au niveau

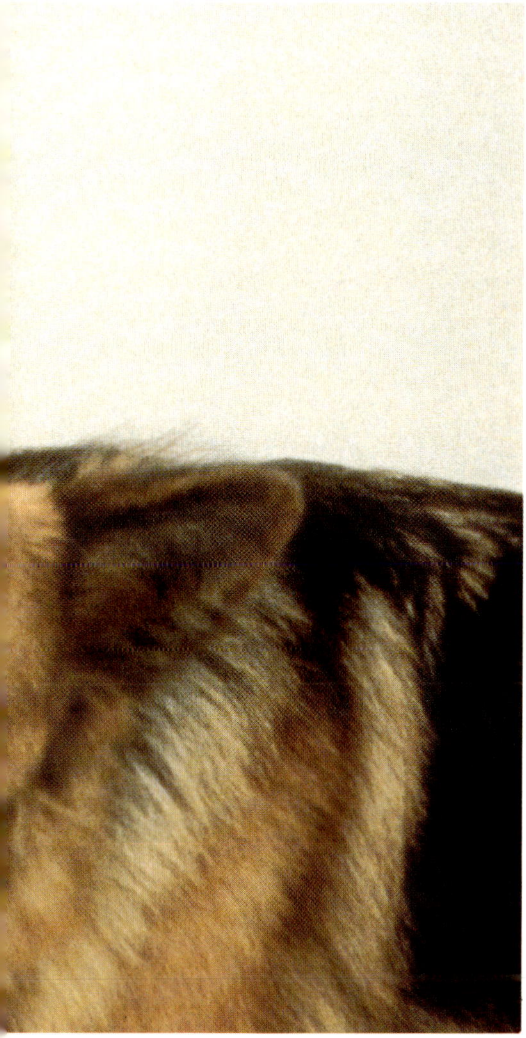

de la première analyse : une fois de plus, dès que l'on veut expliquer de manière approfondie une situation très complexe, on se heurte vite à cette vision trop simpliste et rigide. Dans certains cas, ce concept de dominance est en effet mal interprété et ne décrit pas correctement le fonctionnement du système social.

En réalité, l'organisation sociale des chiens domestiques ne peut se résumer à une simple relation hiérarchique. Parfois, la seule présence d'un chien peut influencer le comportement d'un autre chien.

L'organisation sociale des chiens ne constitue pas un système rigide et subit de continuelles variations. Les membres d'un groupe peuvent changer d'un jour à l'autre ; de même, des facteurs externes peuvent avoir une influence significative.

Les situations dans lesquelles un chien appartenant à un rang supérieur domine physiquement un autre chien sont très rares. Face à n'importe quel problème de domination entre deux chiens, chaque individu met en œuvre de multiples stratégies, qui toutes ne se réfèrent pas exclusivement au rapport domination/soumission. Entrent en ligne de compte le fait que les deux animaux se connaissent ou non, les attitudes de bluff, la nature du lieu où ils se trouvent, la présence ou non d'autres individus, chiens ou hommes.

Dès lors que l'un des chiens a établi sa suprématie, les deux individus, qu'ils soient sauvages ou domestiques, peuvent procéder à la formation d'un groupe plus important. Ces interactions entre les individus constituent en effet les bases nécessaires à la naissance de l'organisation sociale. Elles permettent d'établir une hiérarchie linéaire comprenant les positions sociales respectives de chaque chien. Lorsque deux chiens vivent sous le même toit, les relations qui se créent ne posent aucun problème tant que la position du dominant reste stable. Mais s'il se blesse ou tombe malade, l'autre peut en profiter pour renverser la dominance et prendre sa place. Cette suprématie est régulièrement remise en cause chez les chiens domestiques comme chez les loups.

Des luttes peuvent éclater au sein d'un groupe en raison d'une pénurie de nourriture ou parce qu'une femelle en chaleur s'est introduite dans la meute. Si le chef est vaincu, l'ordre social est remis en cause.

Ceci montre bien que la structure hiérarchique, même si elle est apparemment très rigide, est susceptible d'évoluer constamment. En outre, cette hiérarchie linéaire peut se subdiviser à son tour en d'autres hiérarchies : celle des mâles, celle des femelles et celle des jeunes.

En effet, les relations qui s'établissent entre un chien et les autres individus du groupe varient beaucoup selon l'âge et le sexe des animaux.

Toutefois, l'organisation sociale des chiens s'observe essentiellement chez les individus sauvages : la quasi totalité de la population canine domestique vit avec l'homme et se limite, dans ses rapports sociaux, aux seules relations avec la « famille humaine », car les rencontres avec les autres chiens sont rares, voire exceptionnelles.

Le tableau montre le rôle de la taille des individus dans la hiérarchie. Le total représente le nombre de cas examinés. Comme on peut le constater, chez les femelles, la taille n'a pas d'incidence sur la hiérarchie, alors que chez les mâles les animaux plus gros et plus lourds ont tendance à dominer les autres.

INFLUENCE DE LA TAILLE SUR LES RAPPORTS DE DOMINATION/SOUMISSION

	♀/♀	♂/♂	♂/♀
Différence de poids < 1 kg			
Dominant plus léger	71	58	62
Dominant plus lourd	90	55	124
Aucun dominant	11	2	11
Total	172	115	197
Différence de poids > 1 kg			
Dominant plus léger	27	23	67
Dominant plus lourd	16	41	172
Aucun dominant	9	4	16
Total	52	68	255

RELATIONS ADULTE-ADULTE

Certes on ne peut affirmer qu'entre deux chiens adultes il y ait une quelconque forme de « dialogue », comme cela existe chez les humains. Le chien dominant accepte difficilement les compromis avec le chien soumis.

Heureusement, les chiens adoptent différents stratagèmes pour manifester leur force, et ainsi éviter des combats trop sanglants.

La querelle à propos d'un os constitue l'exemple classique de lutte entre deux chiens mettant en œuvre différents mécanismes de « persuasion », chaque adversaire utilisant les stratégies les plus variées pour s'emparer de l'os et/ou le garder.

Si au début de la rencontre un des deux chiens est déjà en possession de l'os, il a l'avantage dès le départ. En effet, dans la plupart des cas, la possession constitue un élément important de la loi canine, et un chien peut garder son os même si l'autre chien appartient à un rang supérieur.

Seul un chien particulièrement puissant et ayant un statut très élevé pourrait décider de soustraire l'os au subalterne. Il peut le faire très simplement en s'approchant ouvertement et en faisant comprendre ce qu'il veut ; si l'autre chien n'a aucune intention de lâcher l'os, le dominant devient menaçant. Il se met alors à gronder, à aboyer et à simuler des petites attaques.

Si les deux chiens se connaissent et savent quelle est la valeur de l'autre, la situation est beaucoup plus simple : le plus faible peut très naturellement renoncer et abandonner l'os, même s'il était déjà en sa possession. Ce comportement que d'aucuns qualifieraient « de lâche » est en réalité très naturel. Cette « peur » qui pousse un chien à livrer son os n'est pas une véritable peur : il va de soit que le chien plus fort s'en empare. Il est d'ailleurs fréquent que l'individu dominé adopte une attitude d'apaisement sans manifester aucune crainte.

En revanche, la présence d'un troisième chien peut compliquer considérablement la situation.

Par sa seule présence, un chien peut en effet influencer le comportement d'un autre. Un individu dominé peut réclamer l'os d'un individu de rang supérieur, uniquement parce qu'à proximité il y a un chien de rang encore plus élevé avec lequel il entretient un rapport de sympathie.

Il peut aussi arriver qu'une dispute entre deux femelles à propos d'un os ait déjà été résolue à l'avantage de la femelle dominante. La présence

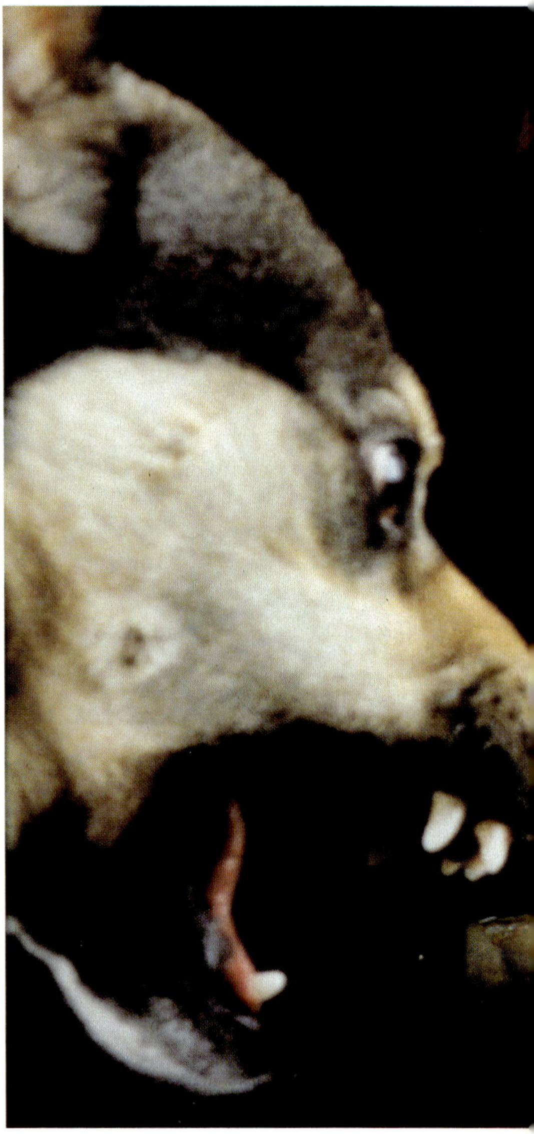

d'un troisième chien, un mâle, peut changer la situation : il peut par exemple s'emparer de l'os et accepter de le partager uniquement avec la femelle subalterne.

Les situations de ce genre sont nombreuses et elles dépendent des affinités, des amitiés et du caractère des individus concernés.

Lors des rencontres entre chiens qui ne se connaissent pas ou entre chiens de même rang, on observe souvent un comportement menaçant — grognements, grondements, aboiements. La tension monte et on a l'impression qu'à tout moment la colère des adversaires va éclater.

Par contre, un chien qui décide d'abandonner parce qu'il a pris conscience de la supériorité de

La possession est la plus importante des lois canines. Ainsi, dans une dispute à propos d'un os, l'individu qui en dispose peut très souvent le conserver, même en présence d'individus de rang supérieur. CI-CONTRE, *rencontre entre deux chiens. Après plusieurs simulations de menace, la querelle s'achève par la soumission du vaincu. Celui-ci quittera lentement les lieux, marquant le territoire de ses urines.*

Les schémas représentent les trois phases typiques d'une rencontre entre deux individus de même rang, qui ne se connaissent pas. Le combat, souvent ritualisé, s'achève par la soumission du vaincu.
CI-CONTRE *Après la victoire, un animal dominant peut être agressif à l'égard du vaincu, soit pour éviter toute revanche éventuelle, soit pour humilier le vaincu.*

son adversaire, inclinera la tête et s'éloignera lentement en marquant le terrain de ses urines. Le subalterne adopte parfois aussi des attitudes propres au chiot. Ces comportements ritualités sont destinés à apaiser l'individu dominant.

Parfois, les chiens en arrivent au combat. Celui-ci sera d'autant plus sanglant que les chiens seront de force égale. Cependant, en général, les combats se règlent en peu de temps, et même s'ils sont très spectaculaires, les morsures et les blessures sont rares.

Il existe toutefois plusieurs races de chiens qui ont été sélectionnées pour combattre avec ténacité ; dans ce cas, les adversaires subissent généralement de nombreuses blessures au cours des combats.

Certaines races ont été amputées, totalement ou en partie, des oreilles et de la queue. Or, comme nous le verrons plus tard, ce sont des instruments de communication dans le langage expressif et corporel des chiens.

Ces chiens, ainsi mutilés, ne peuvent plus exprimer peur ou soumission. Très souvent, les moignons de queue et d'oreilles qui restent expriment exactement le contraire : domination et agressivité, et les affrontements s'achèvent par une défaite physique totale, quelquefois même par la mort de l'un des deux adversaires.

Après la querelle, le comportement du vainqueur change. Sûr de sa suprématie, il peut montrer sa dominance en exhibant l'os qu'il vient de conquérir.

Certains continuent de menacer le vaincu jusqu'à ce qu'il s'éloigne, en lui montrant les dents ou en aboyant. Cette attitude de menace peut persister même si le vaincu adopte un comportement de soumission ; en effet, ce comportement ne symbolise pas seulement la victoire, et donc l'humiliation du vaincu, il signifie aussi au vaincu qu'il doit se tenir à distance à l'occasion de nouvelles rencontres.

La lutte à propos d'un os représente un exemple parmi d'autres d'interactions entre deux individus adultes. On peut observer ces comportements dans n'importe quelle dispute, qui peut éclater pour n'importe quelle raison.

Même si généralement il existe deux hiérarchies distinctes, une masculine et une féminine, les rapports entre les mâles et les femelles sont fondés sur des relations de domination.

La hiérarchie des mâles est très stable, alors que celle des femelles est très souvent remise en cause. Chez les chiens de la même portée, la position de chaque individu est définie dès l'enfance.

Chez les femelles, la taille de l'individu n'entre pas en ligne de compte dans la formation de la hiérarchie ; chez les mâles au contraire, les individus les plus imposants ont tendance à dominer les autres.

Dans les rapports entre les mâles et les femelles, ce sont généralement les premiers qui sont dominants, parce qu'ils sont plus grands et plus agressifs.

Les différences que l'on observe dans les relations de domination chez les mâles et chez les

femelles s'expliquent facilement par les différences de comportement. Il est rare que les femelles combattent entre elles ; en général, elles établissent leur supériorité en grondant, en grognant, en aboyant ou en simulant des menaces. Les mâles combattent beaucoup plus facilement, et c'est généralement le plus grand en taille qui est le vainqueur.

Ainsi, un mâle se laisse rarement intimider par le « bluff » d'une femelle. Il lui répond tout simplement en attaquant, et le résultat est connu à l'avance : le mâle sera le vainqueur du fait de sa taille et de son agressivité plus importantes.

Les chiens qui, au cours d'un combat, ont réussi à imposer leur supériorité, continuent très souvent de menacer le vaincu en aboyant ou en montrant les dents, jusqu'à ce que ce dernier s'éloigne.

RELATIONS CHIOT-CHIOT

Il est rare d'observer des cas de coopération ou d'entraide entre frères et sœurs : « l'égoïsme » semble prédominer chez les animaux de cet âge. Mais il ne faut pas perdre de vue le fait que, sans l'intervention de l'homme, seuls les individus les plus forts et les plus combatifs survivraient. Dès la première tétée, les petits comencent à se pousser et à grimper sur les autres pour atteindre la mamelle maternelle ; en grandissant, ils développent ce comportement.

Ce n'est que plus tard, après quelques semaines, qu'une sorte de hiérarchie commence à s'instaurer. Auparavant, on observe un comportement mimétique indispensable à la cohésion du groupe. Les chiots se suivent ou s'imitent, mais il n'existe pas de véritable rapport de dominant à dominé. Habituellement, le premier qui remarque un objet étrange s'en approche et les autres le suivent, mais ce n'est pas toujours le même qui joue les éclaireurs, et rien ne dit qu'il sera le futur chef du groupe.

Par contre, lorsque les chiens grandissent dans la même maison ou dans une meute à l'état sauvage, c'est presque toujours le plus fort qui prend les initiatives. L'instinct d'imitation du chef se manifeste aussi chez les adultes, et il ne fait que se renforcer avec l'âge. La domination constitue un élément important du caractère des chiots. Les premières luttes hiérarchiques, simulées par des jeux, se manifestent quelques semaines après la naissance. La suprématie est déterminée par la

taille, la force, le sexe, mais aussi par une composante héréditaire.

Si l'on observe des chiots simulant un combat, on peut tout de suite savoir lequel sera dominant : c'est le plus agressif qui attaque ses frères et sœurs en les prenant à la gorge et qui, au moment du repas, est le premier à se jeter sur la nourriture. C'est à travers le jeu et les actes de force et d'autorité que les chiots élaborent la hiérarchie de l'âge adulte.

Chez les chiots âgés de quelques semaines, il n'existe pas de rapport de domination/soumission, mais un fort comportement mimétique.

PAGE PRÉCÉDENTE *Les premières luttes simulées ne cherchent pas à imposer la supériorité de l'un des adversaires.*

RELATIONS ADULTE-CHIOT

Les relations qui existent entre un chien adulte et un chiot sont assez éloignées de celles qu'on peut observer au sein d'une meute de loups.

En effet, alors que les animaux à l'état sauvage constituent une population d'individus très autonomes, les chiens domestiques, eux, sont trop dépendants de l'homme pour pouvoir être considérés comme des adultes, même s'ils sont parents de plusieurs chiots.

En fait, les hommes traitent les chiens comme des enfants : ils ont sélectionné et renforcé à travers les siècles leurs caractéristiques morphologiques et psychologiques infantiles et leur ont appris à dépendre d'eux pour tout ce qui concerne la nourriture et la « tanière ». Comparé au loup, le chien est resté au stade du chiot et ses petits sont du même coup les petits d'un chiot.

Les chiennes qui viennent de mettre bas manifestent souvent davantage de jalousie que de gratitude lorsque leur maître leur vient en aide.

Un animal qui a toujours été traité avec sollicitude par son maître, ne peut accepter que celui-ci s'occupe soudain d'autres animaux, même s'il s'agit de sa propre progéniture.

Chez les mâles, la situation est encore plus complexe. L'aide et la participation du père en ce qui concerne l'éducation des petits, si importante chez les loups, est complètement inexistante chez les chiens domestiques.

Les mâles vivent leur paternité avec détachement, et la plupart du temps la femelle n'accepte même pas que le mâle s'approche. Il en résulte un rapport d'indifférence ; parfois les mâles évitent de s'approcher et adoptent le même comportement avec les chiots des autres chiens.

Les adultes sont conscients de la faiblesse des chiots ; c'est pourquoi ils ne prétendent pas établir des relations hiérarchiques avec eux. On rencontre parfois des individus qui, loin de chercher à éviter les petits, jouent affectueusement avec eux ; on voit alors clairement que les petits occupent une situation à part dans la structure hiérarchique.

Chez les loups, ce comportement est beaucoup plus fréquent et il est tout à fait naturel que les louveteaux, pour jouer, s'aggrippent avec leurs dents à la queue ou aux oreilles du chef de meute, ce qu'aucun autre individu de la meute ne pourrait se permettre. Toutefois, tant chez les chiens que chez les loups, la hiérarchie reprend ses droits lorsque l'adulte décide que le jeu est terminé ; un petit grognement suffit alors pour remettre les petits à leur place.

La femelle continue d'exercer une autorité sur ses petits lorsque ceux-ci grandissent. Il est extrêmement rare qu'un jeune domine sa mère, même s'il est plus grand en taille.

Malheureusement, l'inhibition de l'agressivité et

de la dominance à l'égard des petits ne suffit pas toujours à régler les rapports entre les adultes et les chiots : les chiens qui n'ont été habitués à vivre avec leurs congénères et auxquels on a appris à être agressifs à l'égard des autres animaux peuvent manifester une agressivité exagérée même avec les nouveau-nés ; fort heureusement, il ne s'agit que de rares exceptions.

Les individus adultes sont conscients de la faiblesse des petits et ils se comportent en conséquence. Alors que les mâles évitent généralement les petits, la mère conserve son autorité même lorsque les petits grandissent.

COMPORTEMENT SEXUEL

Les premières manifestations de l'instinct sexuel apparaissent à l'âge de sept semaines environ chez les chiots qui simulent des saillies.

Ces attitudes font naturellement partie de l'apprentissage des petits et sont nécessaires à un bon développement du comportement sexuel chez l'adulte. Il ne faut pas les confondre avec les simulations de saillies que l'on peut observer chez les chiens adultes mâles et qui, elles, doivent être considérées comme des troubles du comportement.

Toutefois l'âge de la puberté survient entre le sixième et le douzième mois. Bien que d'une race à l'autre il n'y ait pas de grosse différence, les races plus petites sont généralement plus précoces.

Les facteurs extérieurs, tels que les saisons, l'alimentation et les rapports sociaux, ont une influence considérable sur le développement sexuel.

Chez le mâle, la puberté se manifeste essentiellement par l'augmentation de l'hormone sexuelle masculine, la testostérone, qui donne à l'urine une odeur plus « masculine » à travers laquelle le chien est reconnu comme étant adulte, et par le changement de position adoptée pour uriner (il passe de la position infantile accroupie à celle de l'adulte consistant à lever la patte de côté).

Les changements les plus importants s'observent chez la femelle. À la puberté débute le cycle œstral, la période de chaleur durant laquelle elle est féconde.

Chez presque toutes les races de chiens, les femelles sont en chaleur tous les six mois environ, et ce à n'importe quel moment de l'année. Dans la plupart des cas néanmoins elles sont réceptives au début du printemps et en automne. L'intervalle entre deux chaleurs successives peut varier entre quatre et huit mois. Par ailleurs, les chiennes sont fécondes dès l'âge d'un an, alors que chez les loups la maturité sexuelle survient à l'âge de deux ou trois ans.

Les chiens qui sont retournés à l'état sauvage tels que les Basenjis africains et les Dingos australiens ont le même cycle sexuel que les loups.

Le cycle sexuel de la chienne comprend quatre périodes bien distinctes.

Durant la première période (pro-œstrus) la femelle présente des sécrétions vaginales et passe la plupart du temps à se lécher. Son comportement change sensiblement : elle devient de plus en plus active et agitée et, si cela lui est permis, elle parcourt de grandes distances et erre dans les rues aux alentours. Au cours de ces excursions, elle marque fréquemment le terrain de ses urines, ce qui attire irrésistiblement les mâles des environs.

En effet, la substance chimique particulière contenue dans l'urine (la phéromone) attire les mâles sur des distances considérables ; très excités, ils chercheront à la moindre occasion à saillir la femelle, qui elle n'est pas encore prête à accepter l'accouplement.

Dix jours plus tard environ (mais cette période est très variable), la femelle commence à rechercher la compagnie des mâles. Débute alors la période de l'œstrus à proprement parler, durant laquelle la femelle et ses éventuels courtisans donnent l'impression d'être devenus fous.

Durant cette période, les femelles sont fécondes et disposées à l'accouplement. Les avances des mâles sont de plus en plus insistantes. Une attitude typique que l'on peut observer alors, tant chez les chiens que chez les loups, est celle des deux partenaires assis côte à côte sur leurs pattes postérieures, les pattes antérieures allongées sur le sol, doigts bien étirés, la tête inclinée sur le côté et la langue pendante, se donnant de petits coups avec le museau ou les pattes.

Autre comportement fréquent : les deux animaux se prennent tour à tour par le cou avec les pattes antérieures, comme s'ils s'embrassaient joyeusement.

Pour qu'il y ait copulation, il n'est toutefois pas indispensable que le mâle courtise la femelle. Souvent, un mâle et une femelle réceptive qui se rencontrent peuvent immédiatement s'accoupler, sans passer par ces préliminaires.

La femelle montre qu'elle est prête à s'accoupler en mettant sa queue de côté et en présen-

La « cour » commence comme un jeu : les deux chiens se prennent par le cou avec leurs pattes antérieures, comme s'ils s'embrassaient, ou bien s'assoient l'un à côté de l'autre en allongeant les pattes antérieures et en se donnant de petits coups avec le museau et les pattes.

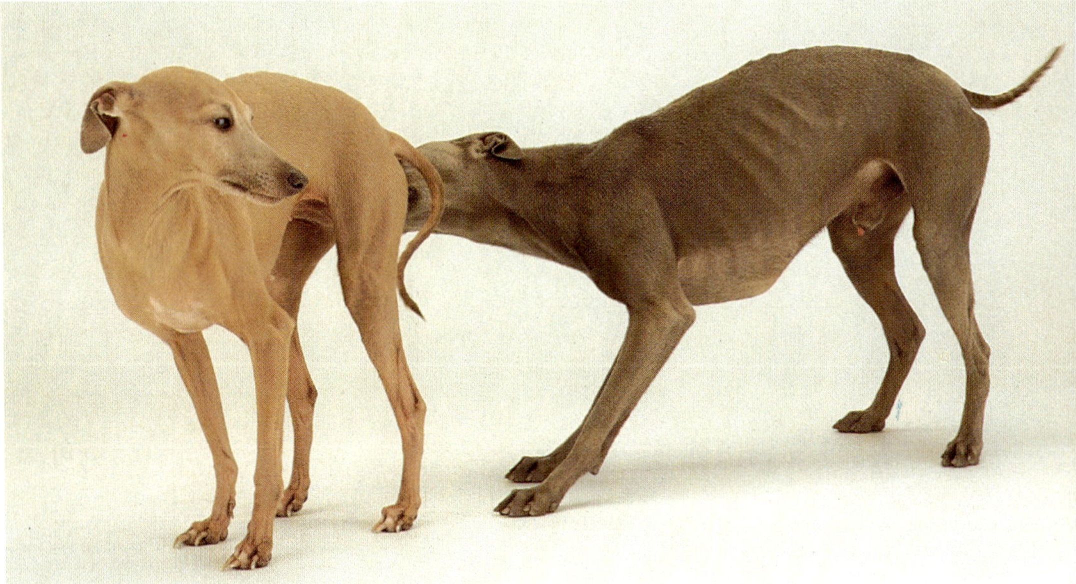

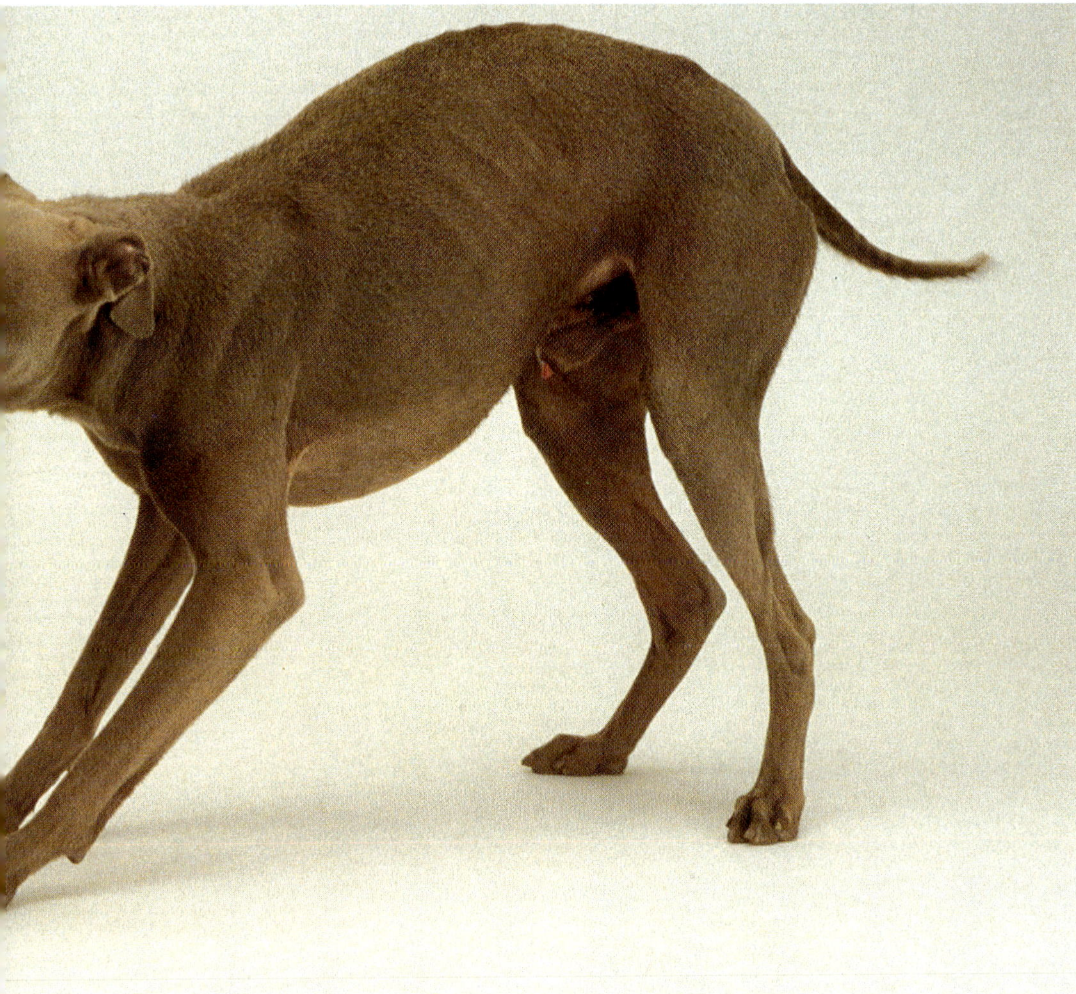

Un mâle et une femelle en chaleur peuvent s'accoupler sans aucun préliminaire. La femelle montre son accord en mettant la queue de côté. Les premières manifestations de l'instinct sexuel s'affirment dès la septième semaine.

tant son vagin au mâle ; celui-ci réagit en la saillant par-derrière et, par des coups pelviens, après quelques vains essais, il parvient à s'accoupler, aidé par les mouvements de la femelle.

La troisième période du cycle œstral est celle de la grossesse ou, lorsque la femelle n'a pas été fécondée, celle de la grossesse nerveuse. La grossesse dure environ soixante jours et s'achève par la mise bas.

La dernière période est celle de l'inactivité reproductrice entre deux œstrus, durant laquelle il n'y a aucune variation significative au niveau hormonal ; la femelle retrouve alors son comportement « normal ».

Chez les loups et chez les chiens sauvages, l'activité sexuelle se manifeste rarement en dehors de la période des chaleurs. Par contre, chez les chiens domestiques, on voit fréquemment des chiens qui tentent de saillir d'autres chiens du même sexe.

Ce comportement peut s'expliquer par une volonté de soumettre un congénère : l'animal dominant saillit le dominé ; il s'agit parfois aussi d'un jeu, mais très souvent on peut parler d'un véritable trouble sexuel.

Le désir sexuel des mâles est fort et dure toute l'année. Il n'y a pas de périodes d'indisposition et, en présence d'une femelle en chaleur, ils sont immédiatement excités. Les femelles, elles, sont réceptives uniquement pendant les chaleurs.

Or, en ville, les chiens mâles sont sollicités à tout moment de l'année par l'odeur d'une femelle en chaleur. Quatre-vingt-dix pour cent des mâles se trouvent donc dans un état de perpétuelle frustration parce qu'ils sentent l'odeur mais ne voient pas la femelle ; l'unique moyen dont ils disposent alors pour se libérer de cette tension consiste à trouver un modèle de substitution qui, selon la fantaisie du chien peut être un autre chien, la jambe du maître ou l'accoudoir d'un canapé.

Le désir sexuel du mâle adulte dure toute l'année ; la femelle n'est réceptive que durant deux courtes périodes dans l'année. Les fausses saillies de nombreux mâles sur la jambe de leur maître ou sur un autre mâle sont des comportements de substitution propres aux animaux qui vivent dans un état de frustration sexuelle.

RELATIONS AVEC L'HOMME

La tradition littéraire des différentes cultures présentait autrefois une conception très romantique et quelque peu erronée des relations qui s'établissent entre l'homme et le chien, ce dernier étant considéré comme le plus fidèle ami de l'homme.

Bien sûr, on peut continuer d'affirmer qu'il s'agit de fidélité et d'amitié, mais en réalité les rapports chien-homme reposent sur un esprit de groupe, de domination et de soumission.

Lorsque le chien entre dans un foyer, il transpose les relations sociales qu'il entretiendrait normalement avec ses semblables sur les êtres humains. L'homme devrait faire de même et traiter le chien comme un chien ; or, très souvent le chien est considéré comme une personne, et cela nuit à l'harmonie des relations.

Le chien n'est pas en mesure de comprendre les comportements différents des siens, et par conséquent chacune de nos actions est interprétée selon un code canin, d'où les malentendus avec notre plus fidèle ami.

La plupart des problèmes qui surgissent avec les chiens concernent l'agressivité et la désobéissance.

Comme chacun sait, il existe des races de chiens très agressives, ou tout au moins difficiles à contrôler, et d'autres qui montrent toujours un grand esprit d'indépendance.

Ces chiens nécessitent des attentions particulières. Ils ont besoin d'un maître ferme, qui leur impose ses volontés, et la meilleure façon d'y parvenir est de traiter les chiens selon le schéma classique dominant/soumis, sans aucune concession, comme le ferait un chef de meute à l'égard de ses subalternes. Toutefois, le maître ne doit pas terroriser le chien ; il s'agit de se montrer à la fois inflexible et affectueux, car le chien ne doit pas devenir peureux et excessivement soumis.

En effet, un comportement trop sévère instaurerait un rapport social complètement faussé qui

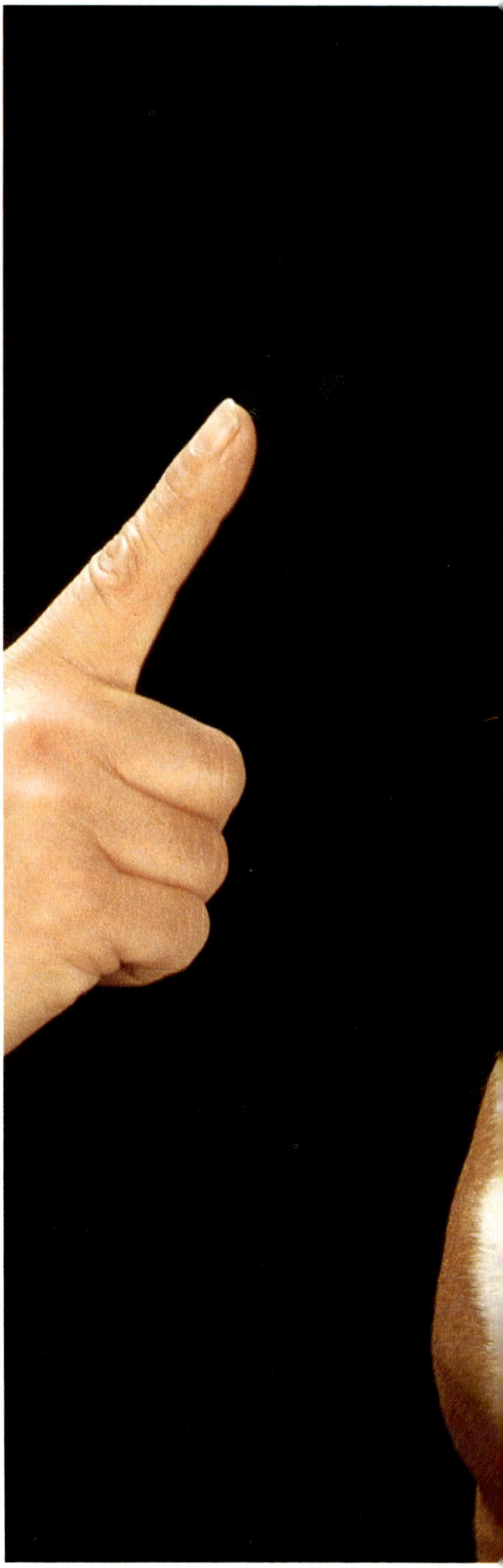

La meilleure façon d'éduquer un chien est de le traiter selon les critères de domination/soumission qui régissent la vie de la meute.

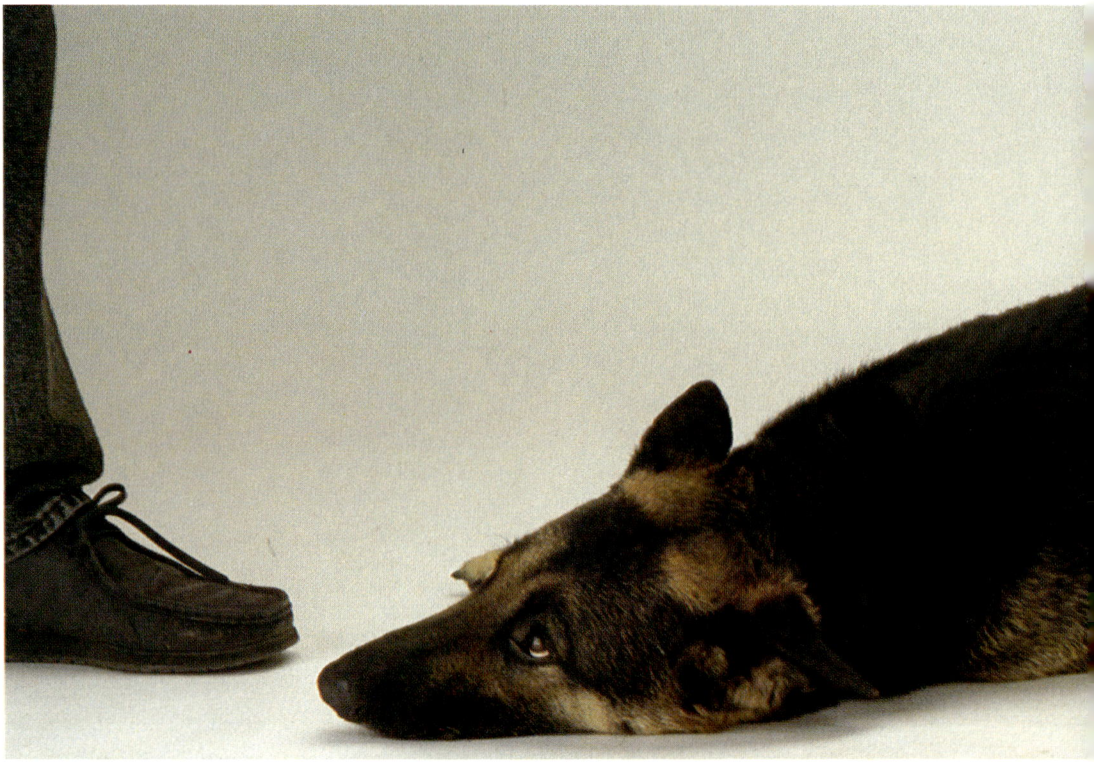

ne reposerait pas sur le schéma dominant/soumis, mais sur le rapport mère/enfant, ce qui empêcherait le chien de grandir et d'atteindre l'âge adulte. On obtient le même résultat en prêtant trop d'attentions au chien, en réduisant sa liberté, en le traitant toujours comme un chiot.

Chaque fois qu'un chien tente de dominer son maître, se montre agressif à son égard, ne se comporte pas en inférieur, ce dernier devrait immédiatement le rappeler à l'ordre. Si le maître n'exerce pas suffisamment d'autorité, le chien cherchera à prendre sa place.

Ceci arrive plus souvent qu'on ne le pense, en particulier avec les grands chiens dont les maîtres sont trop timides. L'image de la personne promenant son chien en laisse, luttant désespérément contre le chien qui tire trop fort sur sa laisse, est dans tous les esprits. À grand-peine, l'infortuné maître est obligé de le suivre jusqu'à ce qu'il ait trouvé un réverbère auquel il puisse s'agripper pour arrêter la course.

Mais il est fréquent de rencontrer le même type de problème chez les petites races, en particulier les Terriers, qui se montrent désobéissants ou volontaires s'ils n'ont pas reçu dès leur plus jeune âge un dressage adéquat.

Lorsqu'un chien veut imposer sa loi, n'obéit pas et se montre hostile, la vie commune devient très difficile. Dans certains cas le chien commande toute la famille, dans d'autres un seul membre. Si l'on veut éviter ce genre de situations, il est préférable d'adopter l'animal lorsqu'il n'est encore qu'un chiot de moins de huit semaines. Pendant cette phase, appelée période de socialisation, le chien est prêt à établir un contact très étroit avec l'homme.

Durant cette période, le maître doit imposer fermement ses volontés, donner des ordres qui doivent être exécutés sans aucune hésitation, ne rien céder et réprimer en douceur toute tentative de rébellion de la part du jeune chien.

Chez les races telles que les Beagles et autres chiens de chasse qui sont doux et soumis, le problème ne se pose pas : l'autorité du maître n'est jamais remise en cause.

Il est également déconseillé d'intervenir dans les luttes hiérarchiques entre chiens : laissez-leur la possibilité de régler leurs différends tout seuls, et détachez-les de leur laisse afin qu'ils aient le recours, au besoin, d'échapper aux attaques agressives de l'adversaire.

De même, lorsqu'une lutte sanglante liée à un problème de dominance éclate entre deux chiens, le maître ne devrait pas faire de sentiment en pre-

Le chien doit être rappelé à l'ordre chaque fois qu'il tente d'inverser les rôles, c'est-à-dire chaque fois qu'il ne se comporte pas en inférieur.

À GAUCHE, deux chiens en lutte hiérarchique. Il est préférable de ne pas intervenir dans ce cas et de laisser les chiens régler leurs différends seuls.

nant la défense du plus faible qui est en train de succomber.

Même dans les moments les plus tranquilles, il vaut mieux ne pas témoigner trop d'affection aux plus faibles en présence des animaux dominants. En effet, le dominant pourrait se montrer jaloux et interpréter l'attitude du maître comme un affront à la hiérarchie, et ainsi attaquer le plus faible. À son tour, le plus faible, se sentant soutenu par son maître, pourrait trouver le courage d'agresser le chien dominant, ce qui pourrait avoir des conséquences dramatiques pour l'un des deux chiens.

Idéalement, il faudrait donc toujours montrer sa préférence au chien dominant et le traiter affectueusement, au moins en présence du plus faible. De cette façon, la hiérarchie sera respectée : d'abord le maître, puis le chien dominant et en dernier lieu le chien subalterne.

Enfin, certaines convictions concernant la façon de considérer les facultés intellectuelles des chiens méritent qu'on s'y attarde.

D'abord, peut-on parler réellement d'intelligence ? La réponse est sans doute positive, mais il est difficile d'évaluer dans quelle mesure et surtout de déterminer si certaines races sont plus intelligentes que d'autres.

Habituellement, lorsqu'on définit l'intelligence, on s'efforce de mesurer la « capacité à résoudre des problèmes » ; mais en réalité, les tests d'intelligence animale se fondent sur des faits qui dépendent en général de capacités physiques et sensorielles ou qui sont issus d'expériences vécues. De plus, lorsqu'on parle de races plus ou moins intelligentes, on fait en réalité une confusion entre l'intelligence et l'habileté naturelle. Cette dernière dépend en général du degré de socialisation avec l'homme et n'a rien à voir avec l'intelligence.

Cette erreur courante est bien enracinée chez les cynophiles et, très souvent, on entend dire que certaines races sont plus intelligentes que d'autres uniquement parce qu'elles réussissent plus facilement un exercice, ou parce qu'elles se font mieux comprendre par leur maître.

Le second problème concerne la faculté de penser des chiens. Jusqu'à une période très récente, l'homme ne pouvait admettre que les animaux fussent capables de réflexion et considérait que les animaux agissaient guidés par l'instinct.

Il existe probablement de très grosses différences entre l'homme et le chien dans la faculté de raisonner, mais il se pourrait que ces différences soient davantage quantitatives que qualitatives. En fait, le langage joue sans doute un rôle essentiel, puisqu'il permet à l'homme de communiquer ses pensées et ses raisonnements. Le langage constitue le critère d'évaluation de notre propre capacité à raisonner.

Comme chacun sait, les chiens peuvent comprendre la signification de nombreux mots et sont capables de répondre à certains ordres. Du reste, il est évident qu'ils n'apprennent pas tout seuls, mais avec l'aide de leur maître.

Toutefois, la faculté ou non de comprendre le langage humain ne peut constituer un critère fia-

ble pour évaluer la capacité de raisonnement des chiens. Les chiens ont leur propre langage. Sommes-nous en mesure d'affirmer que nous autres hommes, avons compris leur façon de communiquer ? Comment pourrions-nous affirmer que les chiens sont incapables de mémoriser certaines expériences vécues et que leurs réactions sont toujours d'ordre instinctif ? Gardons-nous de l'anthropomorphisme en matière de comportement ou de communication animale. En réalité, rien ne permet d'affirmer scientifiquement que les chiens soient incapables de penser, de se souvenir, de rêver et de raisonner.

Le Berger allemand fait partie des races pourvues d'une très grande capacité d'apprentissage. Cette caractéristique dépend étroitement du degré de socialisation avec l'homme.

RELATIONS AVEC LES AUTRES ANIMAUX

Les chiens détestent les chats, courent après les renards, se lient d'amitié avec les chevaux, mangent les petits oiseaux, aiment les moutons, ou se jettent sur eux avec férocité.

Voici quelques lieux communs parmi d'autres qui décrivent les relations des chiens avec les autres animaux ; la sagesse populaire est souvent fondée sur l'expérience, mais une fois de plus, il faut noter que le comportement face aux autres animaux varie d'une race à l'autre et même selon les individus. Il dépend du patrimoine génétique hérité des parents, mais aussi et surtout de l'apprentissage et de l'imprégnation, ou empreinte.

Lorsque les chiens rencontrent d'autres animaux, qu'ils soient de la même espèce ou non, ils se comportent selon des schémas relativement stables que nous avons déjà décrits.

À ces occasions, tout mouvement de la queue, des oreilles et des autres parties du corps, et tout son émis par l'autre animal est interprété selon le langage canin. C'est alors que peuvent surgir les problèmes avec de nombreux animaux. En effet, la différence de langage conduit souvent à une mauvaise interprétation de nombreux messages. Par exemple, lorsqu'un chien rencontre pour la première fois un chat, il se montre très souvent curieux et investigateur.

Pour toute réponse, le chat, s'il a déjà connu de mauvaises expériences avec d'autres chiens, ou s'il ne connaît pas le degré d'agressivité de l'animal qui est en face de lui, aura peur et se tiendra sur la défensive, les poils hérissés, le dos rond, en sifflant.

Pour le chien, ces signes ne signifient pas peur et défense, mais domination et agressivité.

Deux cas de figure sont alors possibles : le chien reconnaît la supériorité du chat, et par conséquent s'éloigne (ce qui en réalité est très rare et ne se

Le chien peut vivre sans difficulté avec d'autres animaux. L'important est qu'il ait eu tout petit l'occasion de socialiser, communiquer et de fraterniser avec eux.

Les chiens et les chats, lorsqu'ils réussissent à surmonter les problèmes de communication, utilisent plusieurs langages et peuvent ainsi se comprendre et se comporter selon les mêmes schémas.

produit qu'avec les chats particulièrement imposants) ; le chien veut soumettre le chat en l'obligeant par exemple à exposer les parties vulnérables de son corps (ce que le chat ne sera sans doute pas disposé à faire). Si dès la première rencontre le chien a appris à courir après les chats, il sera difficile par la suite de l'en empêcher. Toutefois, l'imprégnation a son importance. En effet, les chiens et les chats qui ont vécu ensemble depuis qu'ils sont tout petits, peuvent se comprendre mutuellement et se comporter selon des schémas communs.

Ce discours vaut pour n'importe quel autre animal que le chien peut rencontrer. Les chiots qui, durant la période de socialisation, vivent avec des moutons et des vaches, développent une faculté de communication et de fraternisation qui persistera même à l'âge adulte.

C'est pourquoi les bergers, qui disposaient déjà de races génétiquement sélectionnées dans ce but, ont pris et continuent de prendre l'habitude de faire vivre leurs chiens au milieu de leurs troupeaux.

Les antipathies particulières de certains individus à l'égard de certains animaux trouvent toujours leur origine dans des épisodes vécus dans le passé ou sont dues au manque de rapports sociaux dans l'enfance.

Tous les chiens, même ceux qui ont un caractère plus agressif, les chiens de chasse et les chiens de combat, sont capables de développer des rapports amicaux avec les autres animaux. Il suffit que le maître ait pris la peine de présenter les animaux dès qu'ils sont tout petits.

Ainsi l'on pourra voir jouer ensemble les chiens et les chats au mépris de tous les proverbes.

LE JEU

Comme chez les enfants, le jeu est indispensable à la croissance et à l'équilibre des chiots.

Le jeu permet également d'augmenter les possibilités d'apprentissage.

Il commence généralement par les activités liées à l'odorat, la vue et le toucher, puis le chiot se consacre aux jeux moteurs.

Petit à petit, tous les aspects du comportement adulte apparaissent sous la forme du jeu : provocations, poursuites, menaces ; par exemple, le chiot tient dans sa gueule un chiffon qu'il déchire comme s'il allait broyer sa proie.

Ces jeux sont souvent accompagnés de jappements et d'aboiements qui assurent la coordination des actions entre les chiots.

Les jeux présentent un intérêt particulier, étant donné que les chiots expérimentent ainsi toutes les activités possibles et apprennent à coordonner leurs mouvements : ils sautent et courent en changeant souvent de direction, ils se roulent par terre, découvrant ou inventant ainsi de nouvelles coordinations motrices. Les jeux sont à la base du développement des comportements à la chasse chez les adultes, et par conséquent à la base de leur autonomie alimentaire.

Le jeu comprend aussi des combats ludiques qui déterminent les relations entre les individus, les mêmes qui par la suite se stabiliseront selon le schéma domination/subordination.

Pour les activités telles que les poursuites et les combats, il faut bien sûr au moins deux individus, mais les animaux ne sont pas toujours disposés à jouer. C'est pourquoi, autant chez les chiots que chez les adultes, se sont développés des comportements d'« invitation au jeu », qui prennent naturellement aussi pour objet les hommes.

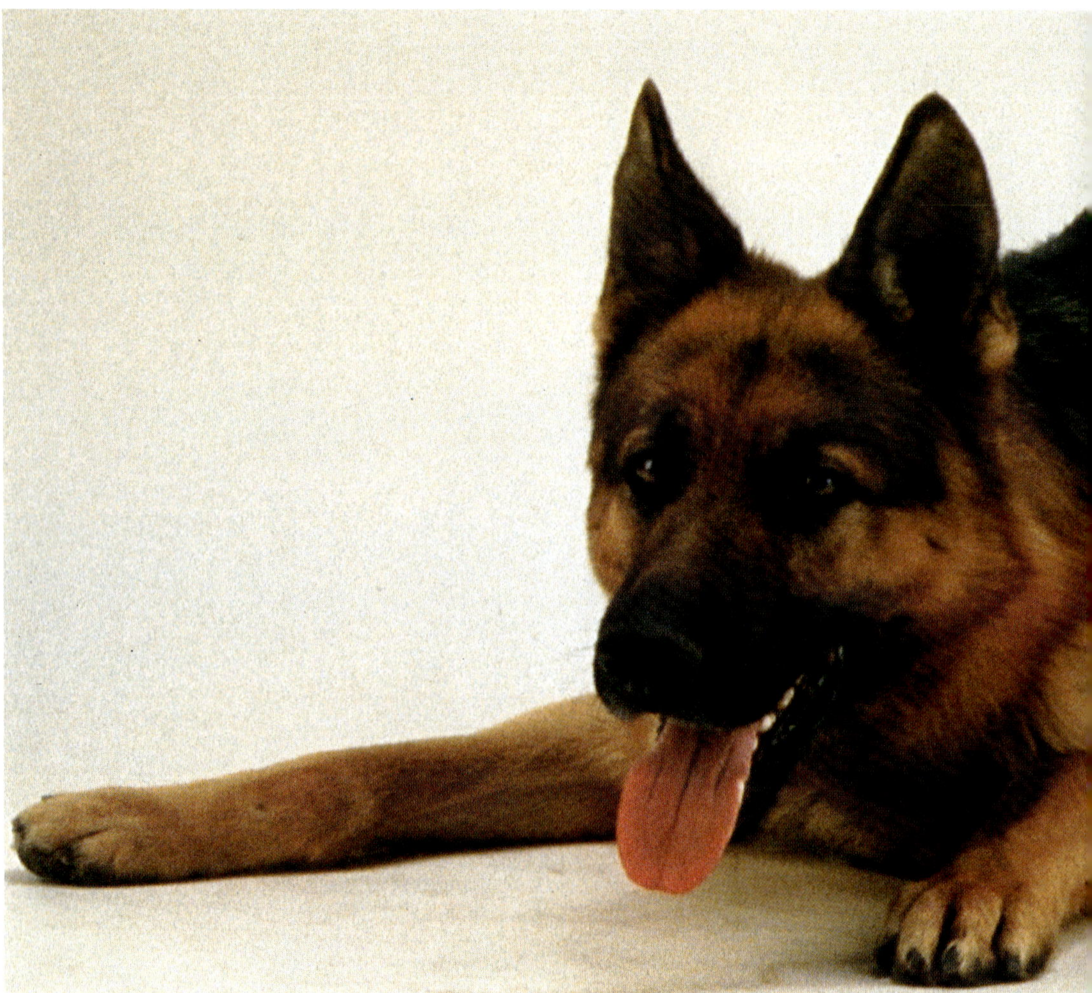

Le jeu est important dans la croissance du chiot. De nombreux comportements ludiques comme la fameuse « révérence » demeurent aussi chez les individus adultes. Ils les utilisent pour inviter l'homme ou d'autres compagnons à jouer.

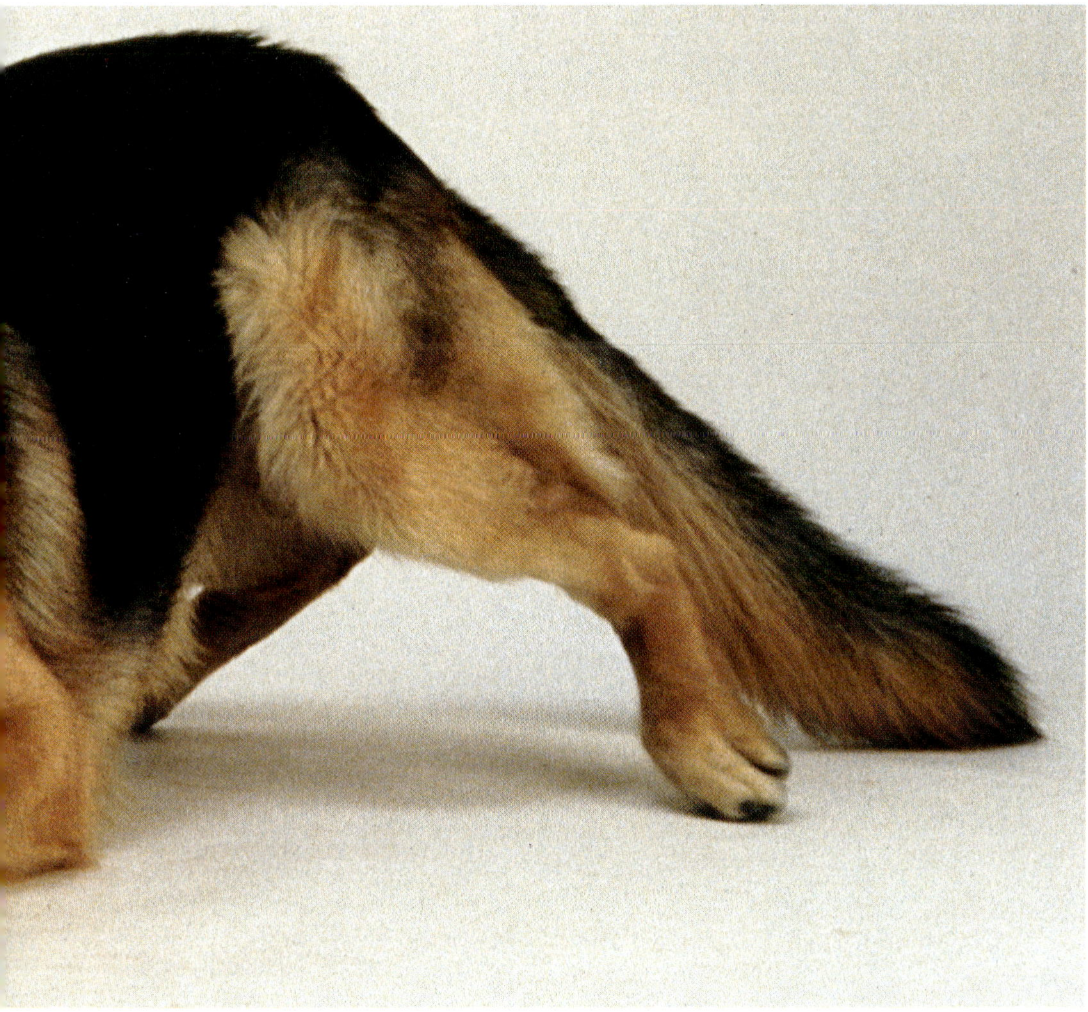

La « révérence » constitue le plus connu de ces schémas : il s'agit d'une sorte d'étirement des pattes antérieures. On a beaucoup discuté sur la raison de ce comportement, mais on n'a pas encore trouvé de réponse satisfaisante. On suppose que la révérence est un étirement quelque peu modifié, qui indique que l'animal est complètement détendu et que les attaques et les fugues qu'il simule ne sont pas à prendre au sérieux.

Lorsqu'ils sont particulièrement absorbés dans leurs yeux, les chiens exécutent parfois des mouvements très spectaculaires tels que des courses très rapides, des sauts avec des contorsions, un bref zigzag, ponctués de révérences. Tout ceci n'est rien d'autre qu'une façon d'exprimer un trop-plein d'énergie et d'inciter les autres à participer.

Les chiens se lancent d'autres signaux pour inviter leurs semblables au jeu. Il s'agit de la fameuse expression faciale qui correspond à notre sourire : les babines sont tirées horizontalement en arrière.

Les mâchoires sont légèrement ouvertes mais on ne voit pas les dents. La position des muscles faciaux est inversée par rapport à celle que le chien en colère adopte lorsqu'il gronde ; les extrémités de la bouche se déplacent alors vers l'avant, laissant apparaître les dents.

Un chien qui « sourit » est complètement inoffensif. Il peut inciter d'autres chiens à jouer avec lui en les touchant du museau ou de la patte ou en offrant quelque chose.

Invitation au jeu. Le chien s'étire sur ses pattes antérieures pour indiquer au compagnon qu'il est complètement détendu et prêt à jouer.

Lorsque le chien les touche du museau ou de la patte, il reproduit un comportement infantile, celui du chiot cherchant la mamelle de sa mère. Un animal subalterne adopte souvent le même comportement à l'égard d'un dominant, dans une attitude d'apaisement.

Un chien qui voudrait jouer s'assied parfois aussi devant son compagnon de jeu et lève la patte en donnant des coups dans le vide.

L'offre, elle, consiste à apporter un objet, par exemple une balle, un bout de bois ou autre au compagnon de jeu, à déposer l'objet au sol entre ses deux pattes antérieures en attendant sa réponse.

Dès que son compagnon tente de s'en emparer, le chien saisit l'objet entre les dents et s'enfuit. Si l'autre chien le poursuit, la partie est gagnée et le jeu peut commencer ; sinon, il devra recommencer.

Un chien dominant qui veut jouer doit adopter un certain comportement pour rassurer le subalterne et lui montrer qu'il ne s'agit que d'un jeu. Ainsi, le dominant s'allonge au sol et montre son ventre, partie vulnérable, pour indiquer au dominé qu'il n'a pas d'intentions agressives et l'engager à jouer.

De nombreux chiens se montrent particulièrement violents en jouant ; il faut rechercher l'explication de ce comportement dans la jeunesse. En effet, lorsque les chiots n'ont que quelques semaines, ils commencent à se battre ; leurs petites dents pointues infligent des morsures douloureuses mais sans gravité. Dès qu'ils réalisent que les morsures plus sévères interrompent leurs joyeuses mêlées, les chiots apprennent à contrôler la force de leurs mâchoires. Les chiens qui ont grandi seuls et qui ont donc été privés de cette phase de jeu n'ont pas appris à contrôler leur force ce qui, à l'âge adulte, peut causer des problèmes graves.

Le chien aussi sait « sourire ». Dans cette expression, les babines sont tirées horizontalement vers l'arrière, les mâchoires légèrement ouvertes ne laissent pas apparaître les dents supérieures.

L'ABOIEMENT

Le contact acoustique constitue un aspect très intéressant de la biologie du chien, surtout si l'on prend en compte les différences qu'il présente par rapport à celui du loup.

Comme chacun sait, les chiens aboient beaucoup plus souvent et plus longtemps que les loups, mais hurlent beaucoup moins.

Ceci s'explique naturellement par l'influence de la sélection opérée par l'homme lors de la domestication, et par le fait que les nombreux stimuli qui déclenchent le hurlement sont absents dans l'environnement du chien.

De façon générale, l'aboiement est associé à la menace, et la plupart des gens ont peur des chiens qui aboient.

À l'état sauvage l'aboiement a une tout autre signification. Les loups aboient uniquement pour signaler un danger ou un facteur de trouble, afin d'alerter les autres membres de la meute.

Il s'agit presque toujours d'un aboiement simple, unique (le loup aboie rarement deux fois) qui agit comme un signal : les louveteaux vont se réfugier dans un endroit sûr et les adultes se rassemblent pour connaître l'origine ou la nature du trouble.

Dès qu'ils l'ont découverte, les loups décident de leur comportement : s'il s'agit d'une fausse alarme, ils reprennent leurs activités ; si la menace est sérieuse, ils attaquent ou s'enfuient.

Un tel comportement est totalement inhabituel chez les chiens domestiques, dans une situation normale. Le chien aboie rarement une seule fois. Bien au contraire, l'aboiement se transforme généralement en un véritable concert canin auquel se joignent tous les chiens du quartier.

Cette habitude résulte probablement de la sélection opérée au cours des âges : l'homme ayant besoin de chiens de garde et de sentinelles a favorisé la reproduction des chiens qui aboyaient beaucoup, créant ainsi de nombreuses races que l'on peut sans exagération définir comme étant très désagréables et pénibles du point de vue acoustique.

De plus, le chien aboie parce qu'il ne peut réagir comme il le ferait à l'état sauvage : ne pouvant ni fuir ni attaquer, il continue d'aboyer. À ce propos, on peut dire que le dicton selon lequel un chien qui aboit ne mord pas est souvent proche de la réalité. En effet, si un chien se tient près de vous et continue d'aboyer bien qu'il ait la possibi-

L'homme ayant toujours eu besoin de chiens de garde et de défense, il a favorisé la reproduction des chiens qui aboyaient plus que les autres.

lité d'attaquer, cela signifie qu'il a peur de vous et que vous pouvez vous éloigner sans crainte.

Chaque fois que j'ai été attaqué par un chien (il s'agissait toujours d'un chien domestique), l'aboiement faisait figure d'avertissement et précédait immédiatement l'attaque. Et la seule fois où j'ai été mordu, le chien n'avait même pas aboyé, mais juste un peu grondé avant de bondir vers moi.

Les chiens de chasse qui doivent nécessairement être silencieux sous peine de faire fuir le gibier, montrent bien que l'aboiement constitue une caractéristique encouragée par l'homme au cours d'une longue sélection.

Les Basenjis, chiens africains à demi sauvages, aboient aussi très rarement, ce qui prouve bien que dans la nature l'aboiement a une autre signification.

LE HURLEMENT

Bien que l'on ne sache pas encore très bien expliquer le phénomène du hurlement, certains pensent qu'il a une signification territoriale ou qu'il constitue un véritable langage. De façon générale, on pense que le hurlement permet de renforcer la cohésion du groupe.

Le hurlement collectif est donc un moment privilégié très important chez les loups puisqu'il resserre les liens entre les individus.

Chez les chiens, cette habitude s'est perdue parce que l'équivalent de la meute — la famille — n'utilise pas ce mode de communication. Toutefois, il arrive que certains animaux, dans des moments d'euphorie collective au sein d'un groupe familial, se mettent spontanément à hurler.

Lorsque nous faisions des études sur le terrain en Italie centrale et méridionale pour vérifier la présence des loups, nous hurlions pour inciter les loups à se manifester. Le chien qui nous accompagnait souvent avait alors un comportement très étrange : lorsque deux personnes ou plus se mettaient à hurler, il se joignait au chœur, mais il s'agissait d'une seule personne, il restait silencieux. Sans doute était-il sensible à l'esprit de groupe lorsque plusieurs personnes hurlaient.

Chez certains chiens le hurlement reste spontané et conserve une signification sociale. En effet, les chiens qui restent enfermés dans des chenils ou dans des jardins et qui se sentent seuls hurlent pour faire connaître leur situation et appeler d'autres animaux.

Toutefois, il n'est pas très difficile de provoquer un hurlement chez les chiens ; il suffit de diffuser un hurlement enregistré. Dans la nature, on ne peut jamais déterminer avec certitude si les animaux qui répondent sont des loups ou des chiens sauvages.

Le chien hurle parfois spontanément, lorsqu'il se sent seul ou lorsqu'il est enfermé dans un chenil pour appeler d'autres animaux et indiquer sa présence.

Menace d'attaque

Menace sans assurance

Esquisse de menace

Comme nous, les chiens peuvent exprimer leurs états d'âme par des mimiques de la face. Leurs oreilles, extrêmement mobiles, peuvent manifester une quantité d'humeurs différentes allant de la menace à l'état d'anxiété.

LE LANGAGE DES OREILLES

L'aboiement et le hurlement ne sont pas les seuls moyens dont disposent les chiens pour s'exprimer et communiquer.

Dans le chapitre sur le comportement territorial, nous avons vu que les chiens et les loups marquaient le territoire de leurs excréments pour transmettre des messages.

Mais la vue est un vecteur de communication encore plus complexe. Le comportement gestuel comprend en effet une vaste gamme de positions et de mouvements du corps, et certaines expressions de la face et des yeux.

Ce moyen de communication particulier est constitué d'une infinité de petits détails, extrêmement subtils, que l'homme a souvent du mal à identifier. Ils correspondent à un message précis, enrichi de petites nuances qui contiennent des informations parfois paradoxales.

Comme chacun sait, la position des oreilles exprime différentes humeurs : rabattues en arrière, elles indiquent que le chien se soumet, orientées vers l'avant, elles sont un signe d'agressivité.

De nombreuses races canines sont caractérisées par des oreilles pendantes. Cette particularité, qui s'est probablement produite par hasard dans l'histoire du chien domestiqué, a dû par la suite être encouragée par l'homme parce qu'elle donnait au chien un aspect moins agressif. Il devenait, du moins en apparence, moins dangereux au contact de l'homme.

Il est intéressant de noter que de nombreux chiens de berger comme le Berger des Pyrénées, le Berger hongrois et le Maremmano-Abbruzzese, ont les oreilles pendantes, ce qui leur permet de se faufiler entre les bêtes sans les effrayer.

Autrefois, on écourtait ou on coupait les oreilles des chiens pour éviter qu'au cours de combats les adversaires ne trouvent facilement dans les oreilles un point vulnérable.

Or, les loups ont de magnifiques oreilles droites qui, d'une part, leur permettent de saisir les moindres bruits, et qui, d'autre part, sont un moyen d'exprimer facilement leurs états d'âme. Les luttes hiérarchiques n'en sont pas pour autant plus sanglantes ou plus désavantageuses.

Certains chiens de défense, tels que les Dobermans et les Boxers, ont naturellement des oreilles pendantes qui leur donnent un aspect bonhomme assez contradictoire avec leur fonction. C'est pourquoi les éleveurs amputent une partie des oreilles, laissant un bout du pavillon auriculaire droit ; l'ensemble de la face devient ainsi beaucoup plus agressif.

Soumission

Anxiété

Peur

LE LANGAGE DE LA QUEUE

Le chien peut porter la queue dressée à la verticale ou plaquée sous son ventre. Entre ces deux extrêmes, la queue indique toute une gamme d'humeurs, depuis l'attitude dominante jusqu'à la soumission totale.

On dit souvent qu'un frétillement de queue est un témoignage d'amitié et de docilité. En réalité, c'est surtout la position de la queue et son inclinaison par rapport au corps qui signalent que le chien est en situation de conflit à un moment donné, qu'il s'apprête à agir ou qu'il a peur.

Le chien remue la queue lorsque son maître rentre à la maison parce qu'il est content de le revoir, mais aussi parce qu'il lui est soumis et qu'il le craint un peu.

Lorsqu'un chien est en train de manger, il ne remue pas la queue s'il est seul ; à l'approche de son maître il arrive qu'il l'agite. Cela peut indiquer qu'il est partagé entre l'envie de manger sa pâtée et le désir de jouer, ou au contraire la crainte que son maître ne lui retire sa nourriture. Un chien agressif se mettra plutôt à gronder.

La queue joue un rôle dans le comportement du chien dominant : elle est portée dressée, comme le cou et les oreilles, alors que le soumis a la queue basse, parfois enroulée entre les pattes, et les oreilles rabattues vers l'arrière.

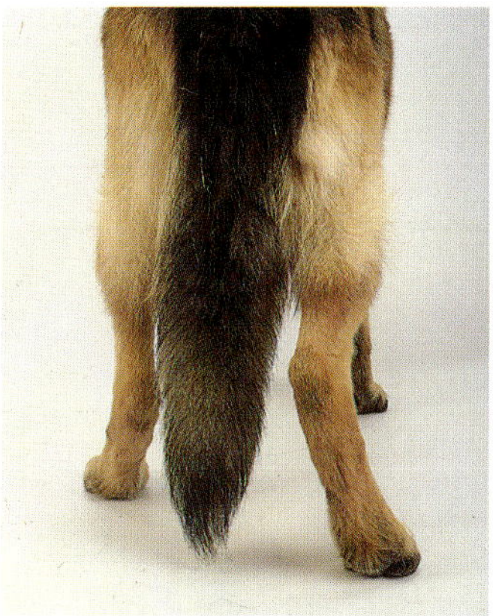

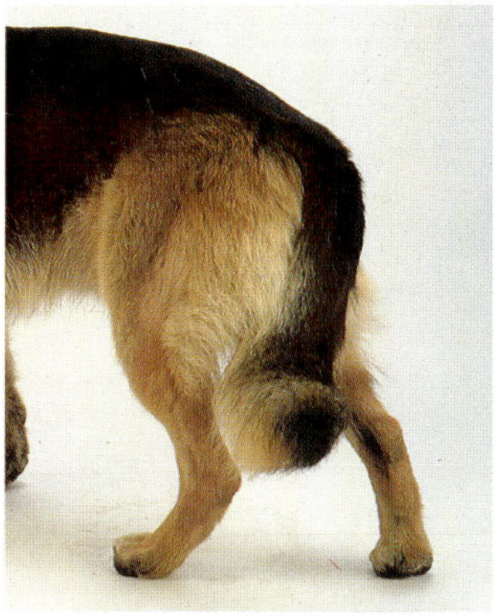

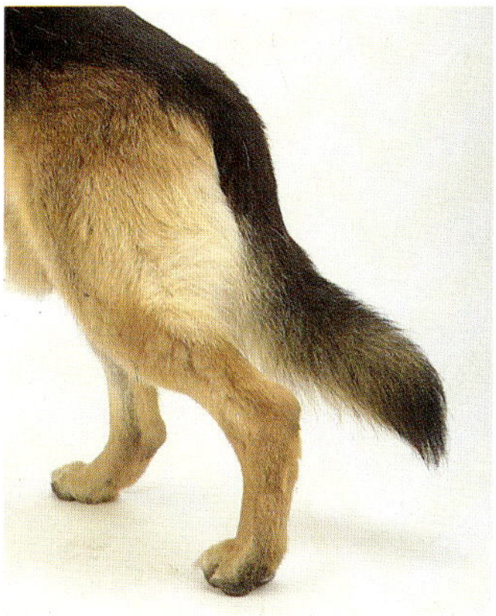

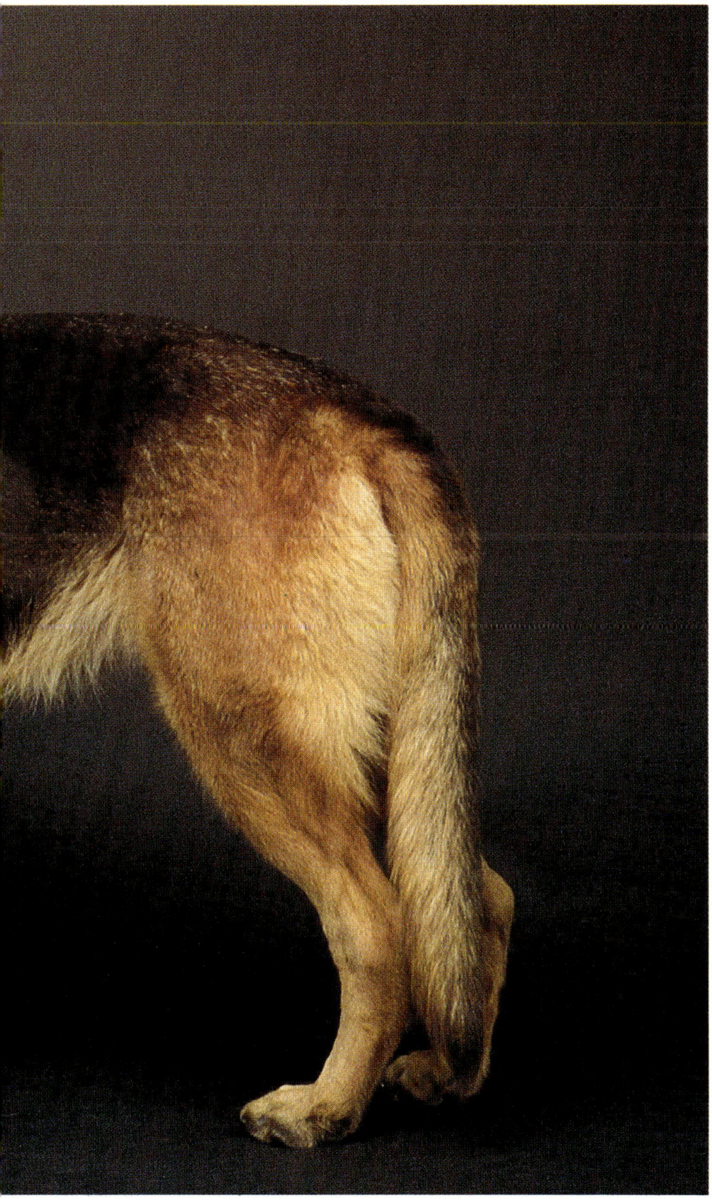

CI-DESSUS, DE GAUCHE À DROITE
Chien au repos, qui ne ressent aucune émotion particulière ; chien exprimant la joie et, sur la dernière photo, l'attention.

LE CARACTÈRE

De nombreuses personnes n'aiment pas les chiens parce qu'elles ont peur de leurs réactions agressives apparemment imprévisibles.

L'agressivité est le comportement canin le plus redouté par l'homme, mais elle constitue en même temps l'un des caractères les plus appréciés chez les chiens de garde et de défense, et donc l'une des raisons fondamentales de la domestication.

C'est de ce contraste que naît le difficile rapport que l'homme entretient avec l'agressivité naturelle des chiens : le chien devrait d'une part se montrer docile et amical envers la famille et les amis, et d'autre part être agressif à l'égard des étrangers ; or, on sait que le chien ne peut raisonner comme nous et que sa façon d'être affectueux se base sur d'autres paramètres. Comment concilier les deux ?

Pour connaître les intentions d'un chien, il faut essayer d'interpréter les messages que l'animal, volontairement ou non, nous transmet.

La position des oreilles et de la queue est un bon indicateur de l'humeur et des intentions du chien qui approche. De plus, les schémas qui régissent la communication entre les individus étant innés chez tous les chiens, il est rare de rencontrer des animaux qui se comportent de façon étrange ou inhabituelle.

Dès lors qu'on a compris la véritable signification des positions de la tête, des oreilles et de la queue, il n'est pas difficile d'agir en conséquence et de décider de caresser l'animal ou au contraire de l'éviter soigneusement.

Rappelons cependant que l'agressivité canine varie d'un individu ou d'une race à l'autre et que les facteurs qui l'influencent sont nombreux.

La période de socialisation des chiots joue un rôle déterminant dans les relations futures avec les autres chiens et avec les hommes. Comme on le verra dans le chapitre sur les rapports entre la mère et sa progéniture, c'est au cours de la croissance que les petits développent les relations sociales les plus fortes avec les autres individus de leur environnement.

Si durant cette période, les petits n'ont pas la possibilité d'entrer en contact avec les hommes, par la suite, ils pourront manifester de la peur ou de l'aversion à leur égard et se montrer brusquement agressifs.

Le sexe influence également dans une certaine mesure le comportement : les mâles sont généralement plus agressifs que les femelles, et ceux qui ont l'intention d'acheter un chien devraient en tenir compte.

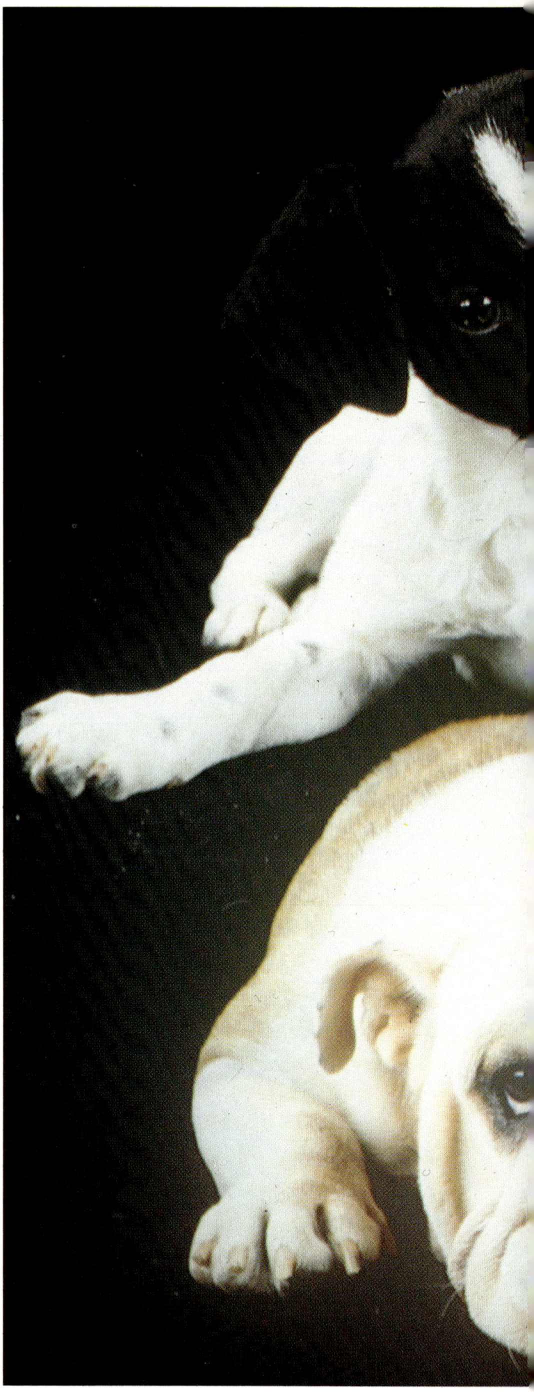

Toutefois, ce sont surtout les facteurs génétiques qui déterminent l'agressivité des chiens.

Ainsi, les chiens de garde et de défense sont beaucoup plus agressifs que les chiens de compa-

Avant de caresser un chien, il est préférable d'observer la position des oreilles et de la queue pour connaître sa véritable humeur et ses intentions éventuelles.

gnie, puisque chaque sélection a été opérée dans un but bien précis. Pendant des générations, les éleveurs ont sélectionné certaines races pour leur agressivité, comme par exemple les Bulldogs, les Terriers, les Dobermans, les Rottweiler et les Mâtins.

Chez tous ces chiens, on a démontré que l'agressivité était de loin supérieure à celle des autres races.

Les chiens qui ont été élevés pour d'autres caractéristiques se sont révélés beaucoup moins agressifs ; c'est le cas par exemple des Retrievers, des Labradors, des Terre-Neuve, des Bassets Hound ou des Beagles.

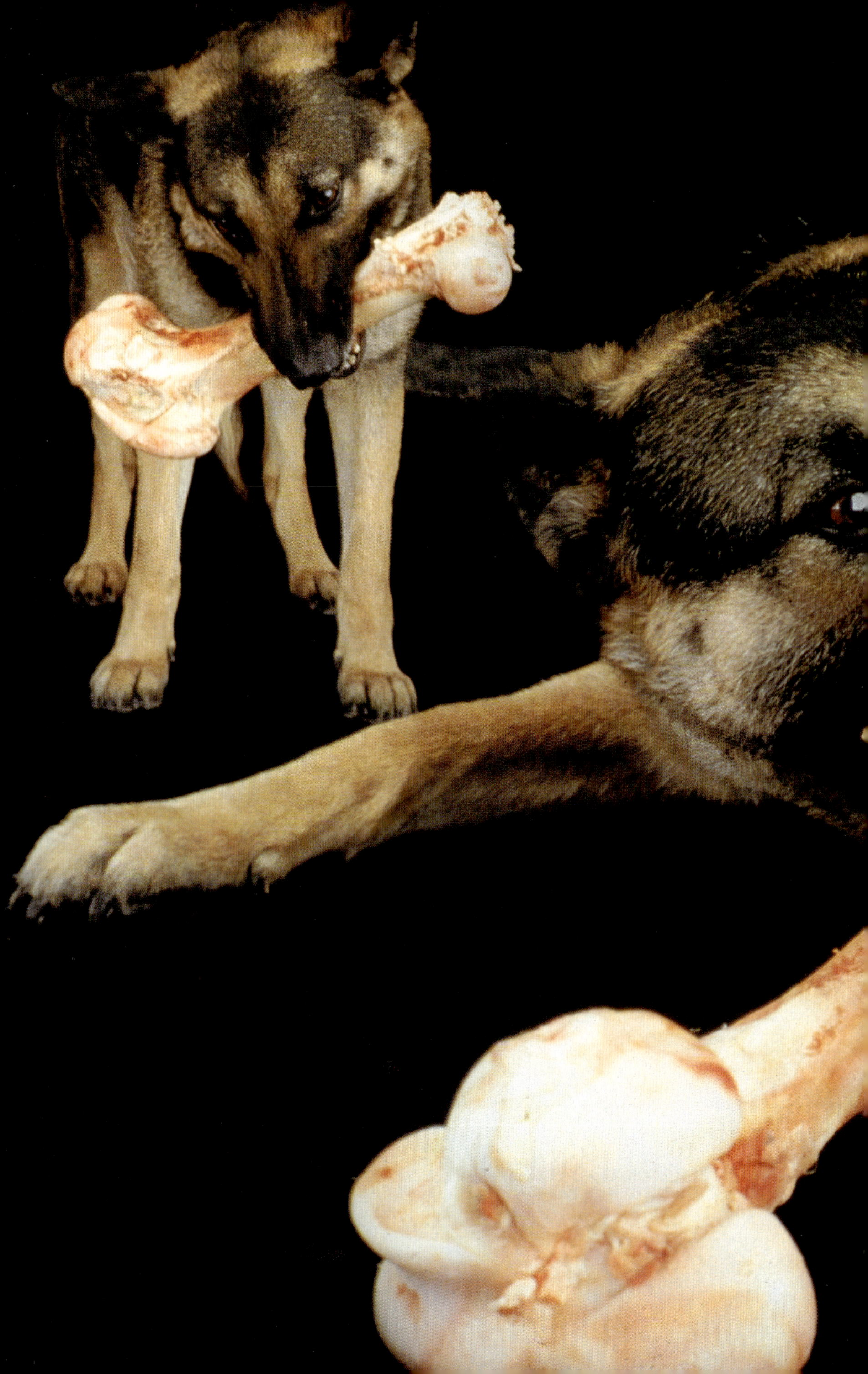

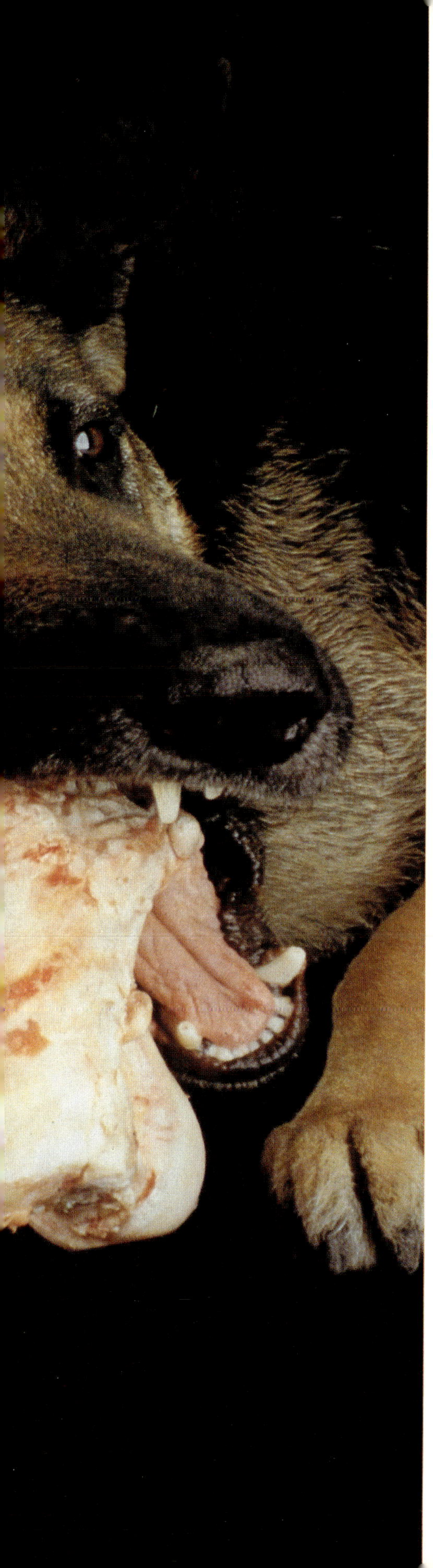

LE COMPORTEMENT ALIMENTAIRE

L'ALIMENTATION

Nous avons choisi de traiter le comportement alimentaire dans un chapitre séparé, car le chien présente certaines attitudes lorsqu'il se nourrit qui méritent d'être étudiées plus attentivement.

De plus, on observe quelquefois chez les chiens des comportements insolites que nous avons pris en considération et que nous traiterons dans ce chapitre pour plus de facilité.

Chez eux qui l'observent pour la première fois, la façon bruyante qu'ont les chiens de manger et de boire est tout à fait surprenante. En effet, presque tous les chiens, lorsqu'on leur donne à man-

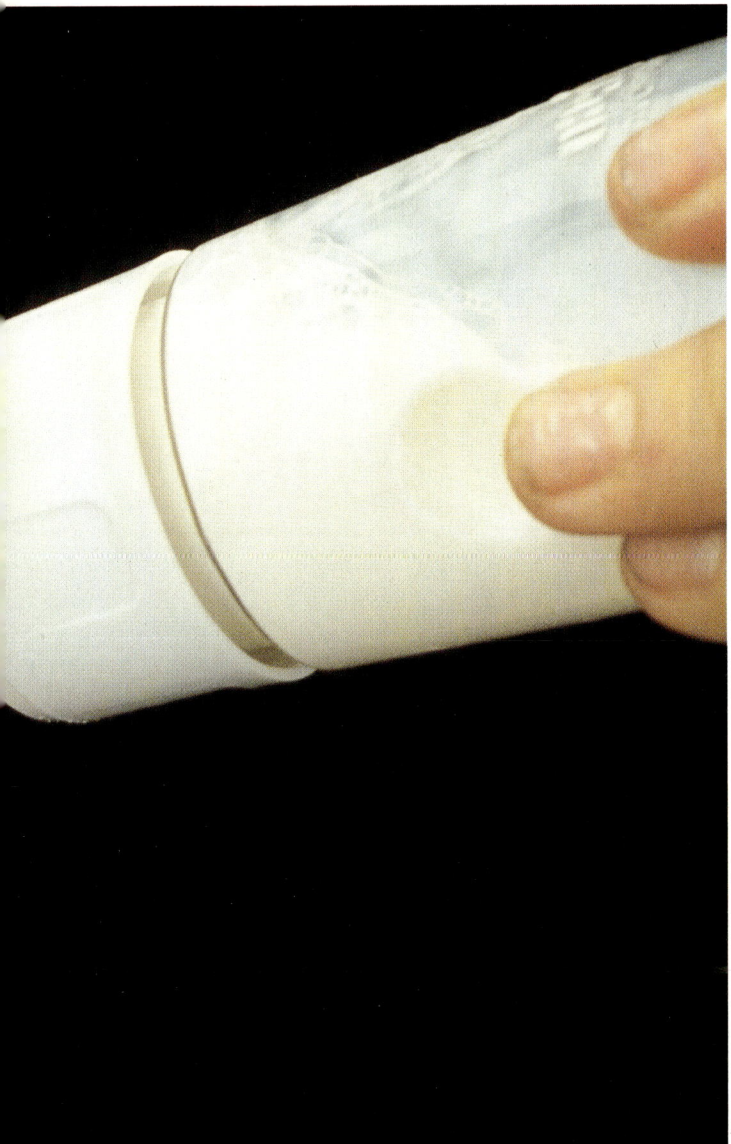

Les chiots allaités artificiellement sont sevrés à environ deux semaines et demie ; ensuite, ils mangent peu à peu des aliments solides, comme les autres chiots.
EN BAS Les chiens éprouvent souvent le besoin de manger de l'herbe ou des végétaux. Ils exercent ainsi une sorte de contrôle de leur activité digestive.

ger, se précipitent sur la nourriture avec fougue et l'avalent rapidement sans même la mâcher.

Le comportement s'explique facilement dans la nature : lorsque la meute tue un animal, une sorte de compétition s'établit entre les différents individus qui se jettent sur la nourriture. Celui qui mange plus vite, mange également davantage.

Cette tendance, qui existe chez les loups par exemple, n'a pas disparu chez les chiens domestiques ; ils ont conservé cette faculté d'absorber une énorme quantité de nourriture en une seule fois. Même s'il n'y a pas d'autres individus qui pourraient leur disputer la nourriture, de nombreux chiens se précipitent sur leur pâtée.

Mais il existe d'autres raisons à ce comportement. À l'heure de la pâtée, le repas quotidien, de nombreux chiens sont excessivement contents ; ils sautent, remuent la queue, se dressent sur leurs pattes postérieures. Cette attitude est l'héritage d'un comportement infantile propre aux chiots qui accueillent leur mère à son retour dans la tanière, et qui l'incitent ainsi à régurgiter de la nourriture.

Bien sûr, cela ne veut pas dire que les chiens appliquent le même comportement à l'égard de leur maître. Mais ils continuent de manifester leur joie chaque fois qu'ils voient arriver la pâtée.

Cette excitation persiste lorsqu'ils mangent et

leur voracité pourrait laisser croire qu'ils n'ont pas mangé depuis des semaines. Toutefois, le fait de manger goulûment et en grande quantité est souvent lié à d'autres raisons d'ordre psychologique. On sait bien d'ailleurs que certaines personnes se réfugient dans la nourriture ou au contraire refusent de manger lorsqu'elles vivent une situation difficile.

On observe la même chose chez les chiens. Un animal confronté à un problème qui n'a rien à voir avec la nourriture (des parasites, l'ennui, le froid, la jalousie) trouve parfois refuge dans la nourriture, mange en grande quantité et bruyamment pour attirer l'attention de son maître.

D'autre part, il est fréquent que les chiens régurgitent la nourriture au cours de la digestion.

Le maître pense alors que le chien ne se sent pas bien. À ce sujet, il est bon de rappeler que certaines caractéristiques physiologiques des chiens sont différentes des nôtres, en particulier en ce qui concerne l'appareil digestif.

Les chiens ne mâchent presque jamais les aliments, ils les avalent sans prêter attention à la grosseur des morceaux. De ce fait, leur digestion est beaucoup plus longue.

Le travail de l'estomac, qui doit digérer une nourriture pratiquement non mâchée, est toutefois facilité par les sucs gastriques, très riches en acide chlorydrique et en pepsine. Néanmoins, la durée de la digestion et l'action des sucs gastriques ne suffisent pas toujours, et certains restes de nourriture sont trop gros pour traverser le pylore, l'orifice qui fait communiquer l'estomac et l'intestin. Dans ce cas, grâce à une sensibilité particulière de la muqueuse gastrique, le chien a la possibilité de vomir.

La nourriture est régurgitée, puis à nouveau avalée, et le processus digestif recommence.

Ce phénomène est tout à fait normal, d'autant plus que la partie postérieure de l'œsophage (le cardia) a une conformation anatomique particulière adaptée à la régurgitation. En se contractant, le pylore refoule la nourriture vers le cardia qui s'ouvre pour la laisser passer dans l'œsophage. Sous l'action du diaphragme et des muscles, l'œsophage se contracte à son tour et fait refluer les aliments dans la cavité buccale.

Il peut sembler étrange que des carnivores mangent de l'herbe, mais chacun de nous nous a pu observer des chiens choisir des herbes avec application pour les manger.

Certains ont avancé que les chiens trouvaient ainsi une source de vitamines indispensables et absentes de leur régime alimentaire habituel. Toutefois, il est probable qu'il s'agisse surtout d'une forme de contrôle de l'activité digestive. En absorbant de l'herbe, le chien augmente son activité intestinale et manifeste souvent le besoin de vomir immédiatement après. Sans nul doute, ce comportement a un effet purgatif qui assure une meilleure digestion.

L'excitation du chien voyant son maître arriver avec la pâtée persiste au cours du repas. Il se jette très souvent sur la nourriture comme s'il n'avait pas mangé depuis des semaines.

LES COMPORTEMENTS INSOLITES

De nombreux comportements canins restent inexpliqués, mais avant toute chose, il est bon de préciser qu'une erreur a été fréquemment commise lorsqu'on a commencé à étudier le comportement animal : dès le début, les observateurs ont cherché à intégrer tous les comportements animaux dans des schémas précis, ayant évolué à travers les âges selon des modalités bien définies.

Ce mode de travail ne laisse pas à un individu donné la possibilité de s'exprimer selon des habitudes et des expériences personnelles. Or, tous les chiens ont un héritage génétique et des comportements différents.

Ainsi, lorsque l'on voit un chien grimper sur un arbre, on ne peut évidemment pas affirmer que tous les chiens sont capables de grimper aux arbres, et si un chien aime lécher les chevilles des invités, on ne peut pas non plus étendre ce comportement à tous les chiens.

Chaque chien a son histoire et pour comprendre un comportement étrange, il n'est d'autre moyen que de reconstituer la vie du chien et de déterminer les événements qui peuvent être à l'origine d'un épisode particulier.

Toutefois, il existe une série de comportements étranges très fréquents que nous allons analyser.

Les chiens aiment souvent se rouler sur des objets qui sentent très mauvais. De nombreuses théories ont tenté d'expliquer ce comportement, mais aucune n'est vraiment satisfaisante.

Pendant un temps, on a cru que le chien marquait ainsi son territoire. En se roulant par terre, il aurait laissé son odeur sur le sol, et comme un indice de sa présence.

Mais on n'a pas manqué de remarquer que les objets sur lesquels les chiens se roulent de préférence sont ceux qui sentent fort, beaucoup plus fort que leur propre corps.

Si le chien se roulait uniquement sur ses selles, on pourrait considérer ce comportement comme une façon de renforcer sa propre odeur, ce qui est très important dans les rapports sociaux ou sexuels avec les autres chiens.

Toutefois, il est évident que les chiens préfèrent de loin les selles des autres animaux, tels que les vaches et les chevaux, et qu'ils sont également très attirés par les cadavres d'animaux ou par les ordures et la nourriture pourrie.

Dès lors, on peut supposer que ce type de comportement s'est justement développé dans l'optique inverse du marquage du territoire, c'est-à-dire pour « cacher » le chien lorsqu'il se trouve en territoire inconnu, grâce à une odeur qui n'est pas la sienne. Cette pratique est en outre très utile pour la chasse aux herbivores sauvages. Y a-t-il une meilleure façon de tromper leur vigilance si ce n'est en se recouvrant de leurs excréments, autrement dit de leur propre odeur ?

Ce comportement a également une signification sociale. Un chien qui s'est roulé sur des objets sentant très fort attire l'attention des autres chiens. C'est une façon de transmettre directement un message à tous ses semblables, même si ce message est incompréhensible à nos yeux.

CI-DESSUS Les chiens aiment se rouler sur des objets qui, de notre point de vue, sentent très mauvais ; on pense qu'ils cherchent ainsi à masquer leur propre odeur lorsqu'ils se trouvent en territoire inconnu.

Beaucoup de chiens, surtout les mâles, aiment frotter leurs organes génitaux par terre.

Deux raisons expliquent ce comportement : la première est d'ordre territorial, la seconde est une recherche de bien-être.

Les chiens ont, dans la région de l'anus, deux glandes qui sécrètent une substance très odorante. Chaque fois que les chiens défèquent, les glandes comprimées sécrètent une partie de leur contenu qui confère aux selles une odeur particulière. Lorsque les chiens se frottent par terre, ils déposent sur le sol des signaux odorants et marquent ainsi leur territoire.

Toutefois, de nombreux chiens ne semblent pas vouloir marquer le territoire, mais se grattent simplement le ventre. En effet, on a remarqué que les chiens qui se comportent ainsi présentent une sorte d'irritation sur le ventre et sur les glandes, causée par des parasites et des maladies congénitales.

LES RELATIONS MÈRE-CHIOT

LES LIENS MÈRE-CHIOT

Analyser les comportements qui régissent les relations entre la mère et ses petits, de la naissance jusqu'au sevrage, est certainement l'exercice le plus difficile pour tous ceux qui veulent comprendre en profondeur le monde de leur chien.

En effet, tout en nous efforçant d'observer aussi objectivement que possible ce qui se passe entre la chienne et ses petits, ou simplement entre les petits, nous avons tous tendance à faire, plus ou moins consciemment, des comparaisons avec nos propres comportements.

C'est ainsi par exemple que de nombreux maîtres croient à tort que leur chienne n'est pas une bonne mère, parce que d'après leurs observations personnelles ils estiment qu'elle s'intéresse peu à sa portée.

Les relations entre la mère et ses petits sont régies, de la naissance jusqu'au sevrage, par une série de comportements qui ne sont pas toujours faciles à interpréter.

En réalité, chez tous les mammifères, et en particulier chez ceux qui présentent un comportement social aussi élaboré que celui de l'homme et du chien, la mère s'occupe activement de ses petits. Chez l'homme, le lien mère-enfant est particulièrement fort et durable, probablement à cause de la longue période de sevrage et de la durée de croissance de l'enfant (il suffit de penser, par exemple, que le développement des facultés motrices d'un enfant de quatorze mois ne dépasse pas celui d'un chiot de trois semaines).

Les chiennes sont généralement de très bonnes mères, à l'exception de certains individus qui présentent des troubles de comportement dus à la domestication. Toutefois, pour comprendre les chiens, il faut se placer dans l'optique canine et ne pas chercher à interpréter leurs comportements selon des critères humains.

GESTATION ET MISE BAS

Les premiers changements de comportement de la femelle gravide apparaissent pendant la dernière période de la gestation. Elle devient très nerveuse et agitée, agressive ou tout au moins peu sociable avec les étrangers, plus amicale avec les membres de la famille qui vivent avec elle. Elle suit son maître avec insistance. Elle fait des petits tours dans le jardin ou dans les pièces de la maison, puis reste allongée pendant quelques temps.

On peut souvent l'observer en train de creuser dans la niche ou dans le sol, même s'il s'agit de matériaux durs. Ce réflexe est lié à la mise bas imminente, comme on peut le constater chez les louves et les chiennes sauvages. En effet, ces dernières creusent une tanière dans le sol pour protéger leurs petits.

Après une gestation de deux mois environ, la chienne met au monde ses petits, dont le nombre varie entre trois et dix. Les petits paraissent généralement à une demi-heure d'intervalle, et la mère répète pour chacun d'eux les mêmes gestes : libérer le petit du placenta, le lécher pour déclencher sa respiration, couper le cordon ombilical avec ses dents et enfin manger le placenta.

On pense que c'est au cours de la mise bas, et en particulier pendant le léchage, que la chienne s'attache à ses petits. Cette opération lui permet également d'identifier ses petits et de les distinguer des autres nouveau-nés. Dans les heures qui suivent la naissance, cet attachement ne fait que se renforcer.

Après la mise bas, la mère peut rester plus de vingt-quatre heures sans manger. On pourrait croire que l'épuisement et le stress de la mise bas entraînent un manque d'appétit. En réalité, la femelle n'a pas faim parce qu'elle est déjà rassasiée par les substances très nutritives contenues dans le placenta.

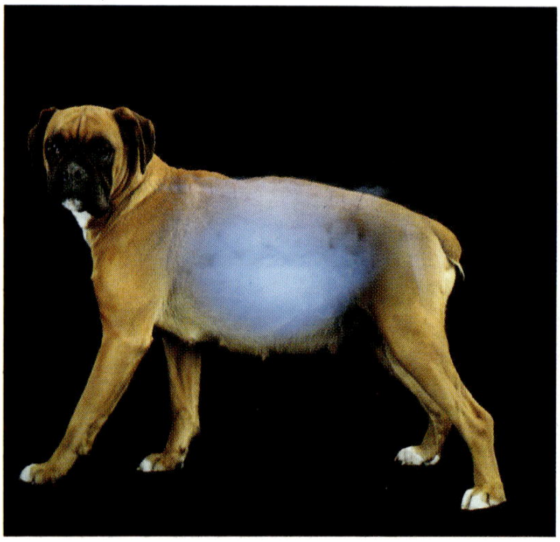

Les chiots naissent sourds et aveugles et leurs nerfs olfactifs sont peu développés. Paradoxalement, l'ouïe et l'odorat sont les sens les plus développés chez l'adulte, au point qu'on a du mal à trouver une relation entre le chiot et le chien adulte. Toutefois, c'est un phénomène qu'on peut observer chez de nombreux autres mammifères, quelles que soient les capacités sensorielles des adultes.

Les chiots sont des animaux essentiellement sensibles au froid, à la douleur et au contact physique. En fait, durant la période qui suit la naissance, leur unique activité consiste à téter leur mère.

Certains s'étonnent de la surdité des chiots ; ne voulant pas y croire, ils tiennent un chiot dans les mains et se comportent comme ils le feraient avec un enfant en parlant d'une voix douce et amicale pour le rassurer.

En fait, c'est le contact des mains chaudes qui rassure le chiot (si vous le déposez sur une plaque de métal froid, vous l'entendrez gémir). Il n'entend absolument aucun bruit autour de lui.

De ce fait, la chienne ne communique pas avec

Les schémas représentent les principales phases de la mise bas. L'expulsion, le léchage du petit jusqu'à ce qu'il commence à respirer et la coupe du cordon ombilical.
PAGE PRÉCÉDENTE La femelle gravide se préoccupe de trouver une « tanière » pour ses petits.
CI-DESSOUS Le nouveau-né est particulièrement sensible au froid et le contact des mains chaudes le rassure.

ses petits par les sons et leurs relations sont essentiellement tactiles.

Les chiennes sont d'excellentes mères. Pour s'en convaincre, il suffit d'étudier le phénomène de la grossesse nerveuse.

Certaines femelles qui ne sont pas gravides peuvent présenter occasionnellement les changements physiologiques et comportementaux caractéristiques d'une chienne réellement gravide : gonflement du ventre, développement des glandes mammaires, production de lait et manifestations de l'instinct maternel.

Ce phénomène ne doit pas être considéré comme pathologique, puisqu'on rencontre les mêmes symptômes chez les loups. En outre, il joue un rôle important dans la reproduction.

Dans une meute de loups, seuls le mâle et la femelle dominants se reproduisent ; ils empêchent activement les autres adultes de s'accoupler. Comme nous l'avons vu, tous les adultes collaborent à l'élevage des petits. La coopération entre les femelles sera d'autant plus importante que les femelles non gravides manifesteront simultanément un comportement maternel. Ainsi, tous les membres de la meute contribueront activement à la survie des petits. Étant donné que la meute est constituée d'individus qui font tous partie de la même famille, même les loups qui ne se sont pas accouplés favoriseront indirectement la transmission du patrimoine génétique.

Le phénomène de grossesse nerveuse chez les chiens domestiques ne fait donc que reproduire un schéma déjà présent chez les loups. On peut en conclure que l'affaiblissement des soins parentaux chez les chiens domestiques a été en grande partie déterminé par l'homme, qui non seulement est intervenu au niveau du comportement, mais a pris la place des autres membres de la meute dans l'éducation des petits.

Si vous voyez une mère se désintéresser de ses petits, c'est qu'elle attend tout simplement une collaboration de votre part.

Les premiers jours, la mère entretient avec ses petits un contact essentiellement tactile puisque les chiots ne voient pas et n'entendent aucun bruit.

Lorsque la mère allaite, elle doit se nourrir davantage. Après la mise bas, cependant, elle peut rester plus de vingt-quatre heures sans manger, non pas à cause du stress ou de l'épuisement, mais parce qu'elle a absorbé le placenta après chaque naissance.

LES TROUBLES DU COMPORTEMENT

Chez les chiens domestiques, l'instinct maternel est moins développé que chez les canidés sauvages. Toutefois, le comportement maternel est en grande partie inné, ce qui signifie que les éventuelles carences dans les soins aux petits ne résultent pas totalement de l'inexpérience de la femelle. De même, quoique la première mise bas soit toujours assez délicate, il est probable que la chienne n'acquerra pas de nouveaux comportements lors des mises bas suivantes.

Même une mère complètement inexpérimentée exécutera une série très complexe de comportements qui lui permettront, depuis la mise bas jusqu'au sevrage des petits, d'élever les nouveau-nés. D'ailleurs, il faut souligner que dans la nature, la sélection naturelle maintient ces comportements qui assurent la survie de l'espèce.

La sélection artificielle opérée par l'homme, pour conserver ou pour créer certaines races, a eu une influence négative dans de nombreux cas en favorisant la survie et la reproduction des chiennes qui présentaient des défauts génétiques propres à faire échouer la reproduction. L'absence d'instinct maternel dont font preuve certains animaux est en partie compensée par l'intervention de l'homme.

Ces problèmes concernent essentiellement les chiens de race, puisque par essence ce sont eux qui ont subi la plus forte sélection artificielle, très souvent par reproduction entre consanguins.

Parallèlement à l'affaiblissement de l'instinct maternel et aux graves troubles du comportement tels que le cannibalisme, on rencontre même des individus pour lesquels l'accouplement et la mise bas sont impossibles sans l'intervention de l'homme.

La domestication n'a pas seulement influencé la morphologie et la psychologie canines au cours des siècles, elle exerce encore aujourd'hui une influence sur le comportement à travers l'éducation que chaque maître donne à son chien. Certains maîtres, trop soucieux d'aider les chiennes dans l'éducation de leurs petits, habituent la mère à être secondée, voire remplacée dans ses devoirs. De là résulte le désintérêt pour la portée ou l'apparition de comportements anormaux.

D'autres facteurs modifiant le comportement sont d'origine pathologique. Parmi ceux-ci figurent les anomalies de l'appareil endocrinien. L'animal sécrète trop d'hormones, ce qui a des incidences sur le comportement parental. Ainsi, la carence de

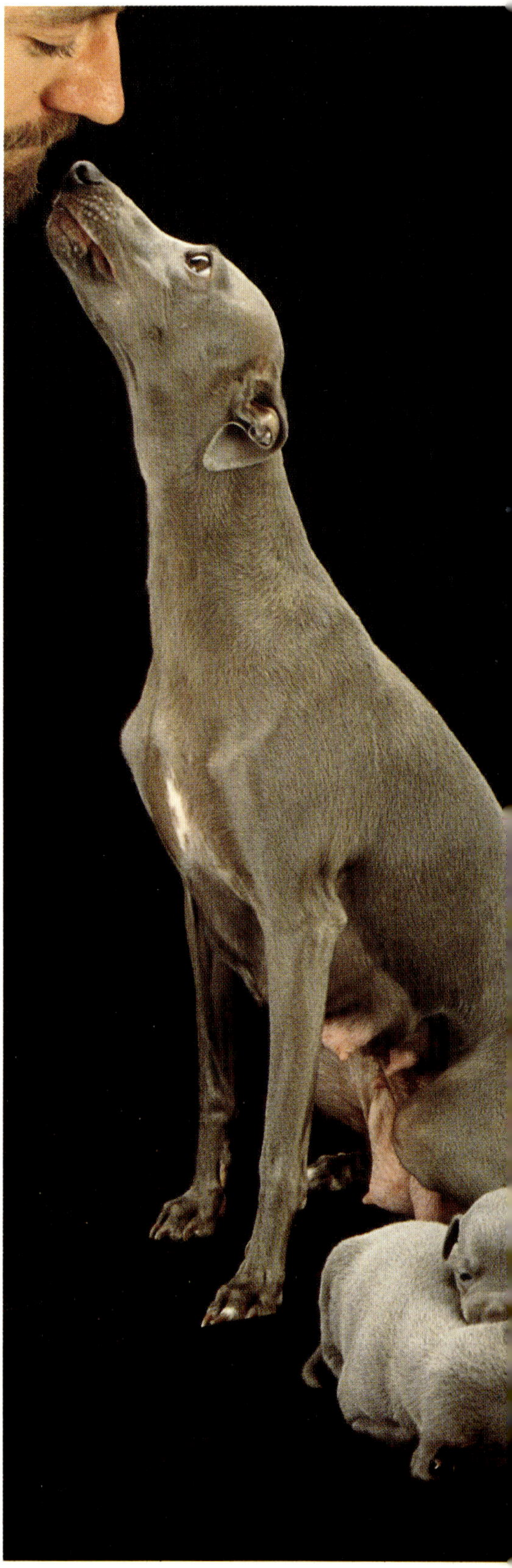

l'hormone prolactine diminue la production de lait et provoque un désintérêt à l'égard des petits. De plus, les attentions de la mère sont stimulées par la vue, le toucher et la perception des petits. S'il n'y a qu'un ou deux petits, le nombre de stimuli est plus faible et la mère peut présenter certains troubles du comportement.

La carence en progestérone, hormone sécrétée pendant la gestation, peut également déterminer des troubles de comportement. Cette hormone a un effet calmant. Or, au moment de la mise bas, sa concentration diminue lorsque le placenta se détache, ce qui peut augmenter l'agressivité de la mère à l'égard des petits ; il arrive parfois qu'elle les tue ou qu'elle les mange, surtout si elle présente d'autres troubles.

En géréral, les mères cannibales sont des animaux jeunes et immatures ou qui vivent dans un milieu perturbant. Toutefois, on peut voir une mère tout à fait normale tuer et dévorer un chiot malade afin que le reste de la portée ne soit pas contaminé. Le stimulus qui provoque chez la mère un comportement de ce genre doit de toute façon être très fort, et donc en relation avec des chiots très gravement malades.

En fait, les réactions des petits ont aussi leur importance. Les stimuli provenant des petits contribuent à déterminer le comportement maternel. S'ils réclament peu d'attention, la mère prodiguera peu de soins.

Des expériences ont montré que si on retire ses petits à une chienne dans la dernière phase de l'éducation pour lui confier des nouveau-nés, la femelle redouble de soins et s'occupe activement des petits.

Certains maîtres inquiets peuvent habituer la mère à être toujours secondée, voire remplacée dans l'éducation des petits.

La recherche de la tétine n'est pas facile pour les chiots. Les nouveau-nés s'approchent de leur mère en rampant et, une fois arrivés près d'elle, tâtent son ventre du museau jusqu'à ce qu'ils trouvent une tétine ; une fois rassasiés, ils s'endorment sur le ventre de leur mère.

L'ÉDUCATION

Le comportement typique de la mère, lorsqu'elle revient dans la tanière ou dans la niche après s'être absentée, consiste à flairer les petits et à s'allonger, le ventre tourné vers les chiots. Puis elle commence à lécher chaque petit, stimulant l'excrétion des selles et des urines quelle mange le plus souvent.

Même si ce comportement nous semble peu hygiénique, il est important de ne pas intervenir car il s'agit là d'une façon de nettoyer la niche et d'éviter la propagation des parasites. D'autre part, cette stimulation est essentielle car la fonction excrétoire n'est pas encore développée chez les petits.

Simultanément, les petits, stimulés par le contact, cherchent aussitôt la mamelle pour téter. La mère reste alors complètement passive et ne les aide pas à trouver la position idéale.

Pour un nouveau-né, la recherche de la mamelle n'est pas une chose aisée. Il s'approche du corps chaud de la mère en s'appuyant sur ses pattes comme s'il nageait, bougeant la tête d'un côté puis de l'autre. Quand enfin il a trouvé le corps de sa mère, il tâte son ventre du museau jusqu'à ce qu'il trouve une tétine.

Les chiots, comme les petits de nombreux mammifères, n'ont pas une tétine attitrée où boire le lait ; ils tètent donc la première qu'ils trouvent. Il est possible que le chiot soit en partie guidé par des signaux olfactifs sécrétés par la glande mammaire.

Lorsqu'un petit, en bougeant, perd le contact avec sa mère ou ses frères et sœurs, ou s'il se trouve hors de la tannière, il se met à appeler sa mère. Les cris sont en général plaintifs et ressemblent à des jappements et à des gémissements plus ou moins forts. La mère se lève aussitôt, le saisit avec sa gueule, parfois par la peau du cou et le remet à sa place.

Le comportement de la mère est provoqué par la prolactine, la même hormone qui stimule la sécrétion du lait.

Dans la nature, on a remarqué qu'une chienne dont la sécrétion de lait diminuait, réagissait moins aux cris des chiots qui roulaient à l'extérieur de la tanière. Les petits continuent à pleurer longtemps avant que leur mère ne vienne les reprendre, et parfois ils meurent sans que la chienne, à quelques mètres d'eux, fasse quelque chose pour les aider.

Il s'agit probablement d'une forme d'adaptation à l'environnement qui vise à assurer la survie, lorsque la nourriture manque, d'au moins une partie de la progéniture, plutôt que d'essayer de sauver tous les chiots au risque de les perdre tous.

Chez les chiens, cette situation peut bien sûr être évitée grâce à l'intervention du maître qui peut remplacer le lait maternel.

Quelques jours après la mise bas, il arrive parfois qu'on trouve un chiot mort dans la niche. Dans ce cas, il ne faut pas soupçonner la mère de l'avoir écrasé par inadvertance ; en effet, tant que les petits sont dans la tanière ou dans la niche, la chienne prend toujours beaucoup de précautions. Chaque fois qu'elle fait un mouvement, elle fait extrêmement attention, sursautant au moindre gémissement. La mort des petits est généralement d'origine naturelle et frappe les individus les plus faibles. Habituellement, la mère sort le chiot mort de la niche, mais il peut arriver qu'elle ne s'en occupe pas, voire qu'elle se couche dessus.

Lorsque les petits ont trois semaines environ, commence la période de transition vers la phase

Au moment du sevrage des petits, la mère évite ses petits, les chasse en aboyant ou en les prenant par la peau du cou pour les déposer plus loin. De cette façon, elle leur montre qu'elle n'est plus prête à les allaiter et à prendre soin d'eux comme auparavant.

Le repos du guerrier. Après avoir beaucoup joué avec ses frères et sœurs, le chiot cherche une position agréable pour sombrer dans un sommeil réparateur.

Lorsque les petits commencent à grandir, la mère diminue peu à peu ses soins, et de ce fait les chiots développent des relations sociales de plus en plus fortes avec leurs frères et sœurs.

de socialisation. Les comportements typiquement infantiles s'atténuent et d'autres apparaissent.

La mère continue toutefois de nettoyer les petits, même s'ils défèquent et urinent à l'extérieur de la tanière.

Au début, les petits s'éloignent et déposent leurs excréments n'importe où. Puis rapidement, ils commencent par flairer le terrain, comme s'ils suivaient une piste, et lorsqu'ils sentent une odeur de selles ou d'urine, ils se mettent aussitôt à déféquer ou à uriner.

À sept ou huit semaines, les chiots ont tendance à déposer leurs excréments toujours au même endroit, le plus loin possible de la tanière.

Ce comportement, qui n'est rien d'autre qu'une ébauche du comportement territorial, peut être sagement exploité par le maître qui ne veut pas que les chiots salissent partout dans la maison.

Après avoir déterminé l'endroit où les chiens peuvent déféquer, il suffira de ne pas le désodoriser complètement pour permettre aux chiots de s'y rendre fréquemment.

Le frétillement de queue constitue un autre comportement que l'on observe chez les chiots d'environ trois semaines. Les chiots remuent la queue à gauche et à droite chaque fois qu'un homme ou un animal s'approche. Il est difficile d'expliquer la raison de ce comportement, mais étant donné qu'il exprime le plaisir, on pourrait le comparer au sourire d'un enfant, si on en juge par l'effet qu'il suscite chez l'homme.

Cette période de croissance des chiots, qui est une transition entre la naissance et la jeunesse, joue un rôle déterminant. Les interactions avec la mère et les frères et sœurs sont fondamentales dans la formation du futur caractère du chien. En effet, même si les caractéristiques des comportements fondamentaux sont innées, les relations sociales avec la mère et avec les autres petits peuvent les influencer ultérieurement ; elles sont en particulier indispensables à l'apprentissage et au développement des comportements sociaux comme l'agressivité et la soumission.

Lorsque les chiots grandissent, la mère se préoccupe moins de sa portée et les relations sociales les plus fortes qui ont tendance à se développer chez le chiot, sont celles qu'il entretient avec ses frères et sœurs.

Ces relations forment la base du groupe social typique de cette espèce, la meute, et elles se renforceront progressivement avec le sevrage.

Un chiot que l'on enlève trop tôt de la portée,

Le tableau montre l'évolution des jeux et des mouvements des chiots. Comme on peut le remarquer, elle est en corrélation avec l'ouverture des yeux, la perception des sons et la dentition. Les animaux ont été observés dix minutes par jour.

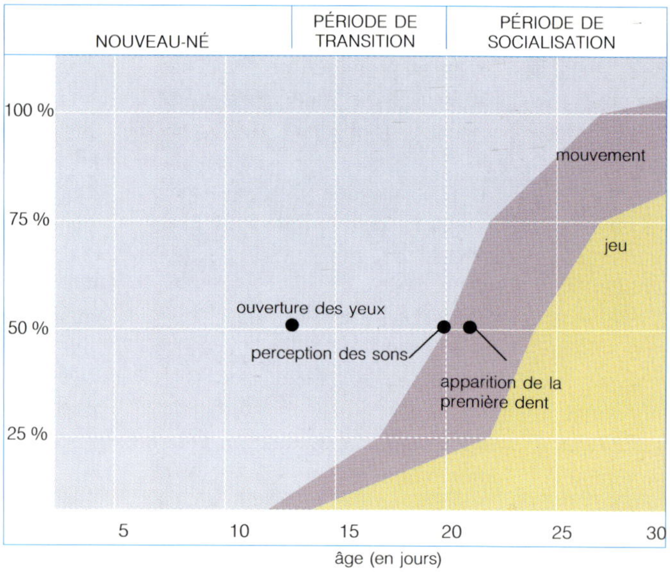

c'est-à-dire avant l'âge de trois ou quatre semaines, et qu'on élève séparément, ne développera des relations sociales qu'avec les hommes et ne prêtera que peu d'attention aux individus de son espèce.

Par contre, si on le prend lorsqu'il a entre cinq et huit semaines, ses relations seront excellentes aussi bien avec les hommes qu'avec les autres chiens.

Si on laisse passer plus de deux mois et demi, ses relations seront très fortes avec les autres chiens, mais il aura tendance à fuir et à craindre l'homme.

Cette période est donc critique dans le développement des petits, car ils sont très sensibles et des troubles psychologiques peuvent apparaître très facilement si on commet des erreurs dans le dressage.

Il est intéressant de noter à cet égard que, tout comme les stimuli qui sont offerts aux chiots dans cette phase sensible jouent un rôle fondamental dans la socialisation du chiot, de même chez les petits enfants il existe une phase durant laquelle les futurs rapports avec les autres êtres vivants se déterminent. Si un enfant, étant petit, n'a jamais eu l'occasion d'être en contact avec des chiens, ou si on lui a toujours appris à se tenir loin d'eux et à les craindre, il aura de l'aversion pour ces animaux à l'âge adulte.

Pour sevrer ses petits, la mère allaite en restant debout sur ses quatre pattes ; parfois même, elle adopte une position telle que les petits ne peuvent atteindre les tétines.

LE SEVRAGE

Durant la phase de socialisation, la mère allaite ses petits de plus en plus rarement, et parfois en restant debout sur ses quatre pattes.

L'allaitement est une phase très importante dans les relations entre la mère et ses chiots. Lorsqu'ils grandissent, les modalités de ce type d'alimentation changent énormément. Comme nous l'avons vu, la mère se montre toujours prête à allaiter les nouveau-nés ; elle se couche d'elle-même, le ventre tourné vers les petits, et les lèche pour les inciter à téter. Vers la troisième semaine, elle peut allaiter en restant debout sur ses quatre pattes. À cet âge, les petits sont capables de se déplacer autour de la niche et leurs sens sont beaucoup plus développés. Souvent, ce sont eux qui réclament le lait à leur mère et celle-ci se met dans cette position.

Progressivement, jusqu'au sevrage, les tétées se font de plus en plus rares : la mère ne se prête plus spontanément à l'allaitement ; ce sont les petits qui recherchent les mamelles.

Souvent, la mère se lève alors qu'elle en train d'allaiter, ou empêche les chiots de téter en montrant les dents ou en grondant à l'égard des petits qui s'accrochent à ses tétines.

Il ne faut pas penser qu'il s'agit là d'un comportement de mère indigne, cela fait partie du processus de sevrage qui s'achève lorsque les chiots ont sept semaines environ.

En effet, parallèlement, la mère pourvoit à un autre type d'alimentaion. À cet âge, on voit souvent les chiots accueillir leur mère en remuant frénétiquement la queue, lui sauter dessus, lui toucher le museau avec les pattes, lui lécher et lui mordiller le ventre et la gueule.

Le comportement des chiots signifie explicitement une demande de nourriture, et déclenche chez la chienne un réflexe de régurgitation.

Les maîtres interprètent souvent mal ce comportement et pensent que la chienne est malade. Ils s'inquiètent et empêchent les petits de manger la nourriture qu'ils croient malsaine.

En réalité, la nourriture est tout à fait digeste car elle est enrichie par les sucs gastriques de la mère qui l'ont prédigérée.

Ce comportement, bien que tout à fait naturel, n'est pas très fréquent chez les chiens domestiques parce que les maîtres s'occupent beaucoup trop des petits, de telle sorte que la régurgitation de la mère n'a plus lieu d'être et disparaît d'elle-même, sans conséquences sur la croissance des petits.

De plus, l'homme a sans doute cherché à éliminer ce comportement au cours des siècles de sélection artificielle.

Toutefois, un mode d'alimentation aussi adapté au développement des chiots rend naturellement superflues, s'il existe, les recommandations de certains vétérinaires ou éleveurs qui élaborent des menus très compliqués pour les chiens.

Les chiots adoptent le même comportement à l'égard de leurs maîtres pour obtenir de la nourriture ; d'ailleurs, on peut supposer que la joie manifestée par les chiens adultes vis-à-vis du maître qui apporte la pâtée, soit un héritage de ce comportement sous la forme du jeu.

Chez les chiens domestiques, les mâles s'intéressent rarement à leurs petits. En revanche, chez les loups, il existe une collaboration active dans l'éducation des jeunes : la mère régurgite la nourriture pour les petits, mais également les autres membres de la meute, mâles et femelles. Le sevrage s'achève lorsque les adultes commencent à offrir aux louveteaux de petites proies tout juste tuées ou des morceaux de carcasse un peu plus grandes.

INDEX

Les nombres en italique renvoient aux légendes des illustrations.

REMERCIEMENTS

Nous remercions les éleveurs et propriétaires suivants, qui ont aimablement mis à notre disposition les chiens photographiés :

ÉLEVAGES

Colombo 55
du Boxerissimo, Raspetti 84-85
du Corno Bianco, R. Fossati 98-99
du Gioiello, Filippini 23
de la Canterana, D. Giannini 134-135
des Grandes Murailles, F. Slmonetti 74 (en bas), 91
de l'île de Baroni, Pettinaroli 39, 58-59, 60, 64, 69 (en bas), 89, 106-107, 108-109
Fer Mass, M. Lombardi 10, 16, 20, 56, 95
Freccia Nera 74-75, 132-133
Grand Canyon, M. Bensi Allegri 8
Remo Lui 54
Vertragus, A. Cerletti 33, 80-81, 82, 87 (en bas), 118, 120, 123, 126-127, 128-129, 136, 137

PROPRIÉTAIRES

C. Amerighi 92-93
Basenji 130-131
Bazzoli 37 (en bas)
Carbonelli 37 (en haut)
A. Cerletti 28-29, 33, 96-97 (à droite), 112-113 (en haut), 122, 124, 125
M. Deffenu-Berlendis 76-77, 79
Di Bari 44, 116-117
P. Dolci 62-63, 100-101
Ferrari 102
Manzini-Nibbiola 25, 49, 55
D. Pavone 66-67, 140-141
Sottocornola 96-97 (à droite)
L. Stein 2, 5, 24, 41, 47, 69, 114, 115, 143